JN109845

小さく始めて夢をかなえる!

「女性ひとり起業」スタートBOOK

しなやかライフ研究所 代表(CFP)
小谷晴美

［監修］——— 弁護士 小谷隆幸
日本マネジメント税理士法人

コスミック出版

はじめに

　この本を手にとってくださったあなたは、子育て中の方でしょうか、それとも子どもの手が離れて今後の生き方について考えている方でしょうか。あるいは、会社に勤めながら副業を検討している方、定年後に起業を考えている方かもしれませんね。

　いずれにしても、起業に興味がある方だと思います。

　私が10年余りで出会った、起業している女性の多くは、
「好きなことや得意なことで、人の役に立ちたい」
「自分らしさや能力を発揮して、イキイキと活躍したい」
「暮らしの変化に合わせて柔軟に働きたい」
そんな想いを持って何かを始めた人たちでした。

　そして私もその一人です。
　結婚後も資格を活かして働いていましたが、出産を機に育児をしながら夫の事務所の手伝いをするようになりました。保育園では「お母さん」、事務所では「奥さん」と呼ばれる日々。夫の仕事も軌道に乗り、娘も可愛くて幸せなはずですが、社会から取り残されていくような焦りを感じていました。
　そんな時、ライフプランニング活動という生協の活動に出会いました。
　お金の知識を学んで、組合員に伝えるボランティア的な活動です。家計の相談に乗ったり、学習会の講師を務めたり、人の役に立つ喜びを実感できる活動に、自分の存在を認めてもらえたような気持ちになりました。
　家庭だけでなく、社会にも居場所があることで人は心の安定が保たれるものかもしれません。
　この生協での活動がファイナンシャルプランナーとして仕事をするようになったきっかけであり、ファイナンシャルプランナーとしての在り方の原点です。

さて、あなたは「起業」という言葉にどんなイメージをお持ちでしょうか。
- ☑ 事務所を構えて、人を雇う
- ☑ 事業計画書を作成して、事業資金を借り入れる
- ☑ リスクを負って、勝負にでる

　そんなイメージがあるかもしれませんが、あるものでゆるくスタートして、その時々のライフスタイルに合わせて働くという起業もあります。

　お勤めの人に正社員とパートがいるように、個人で仕事をする人にも正社員的な働き方と、パート的な働き方があります。

	給与所得者	事業所得者
ワーク重視	正社員	起業
ライフ重視	パート	しなやか起業

　そこで、前者の正社員的な個人事業を「起業」と呼ぶのに対し、後者のパート的なゆるい個人事業を「しなやか起業」と名付けてみました。

「家庭に軸足を置きながら社会参加したい」
「定年後も社会に貢献したい」
「会社に勤めながら自分らしさを発揮できる場を持ちたい」
　そんな想いを持って、まずは小さく始める「しなやか起業」を目指す人にこの本を読んでいただきたいと思っています。

　あなたの起業のタネを見つけて、植物を育てるように、楽しみながら事業を徐々に大きくしていけるよう、前半では「どんなタネをまいたらよいか、どうやって育てていくのか」という事業の始め方を紹介します。後半では、不安なくのびのびと活躍していただけるよう、起業にまつわるお金や制度についてQ＆A形式で分かりやすく紹介します。

　この本があなたの可能性を広げるきっかけになり、あなたの未来があなたらしく輝きますように、お手伝いできたら幸いです。

こたに　はるみ
小谷　晴美

本書の読み方

　本書は起業して間もない方に必要だと思われるマーケティングの考え方や税制、法律などの制度と、あなたらしい生き方のヒントになるようなライフプランの視点を入れて、3部構成になっています。

　本書は前から順番に読む必要はありません。
　お勧めの順番は、
【第1部・マーケティング編】➡【第3部・トラブル解決編】➡【第2部・制度とお金編】の順番ですが、興味のある章や興味のあるテーマを拾い読みしていただいて構いません。

【第1部　マーケティング編】
第1章、第2章は、本書を読みながら、一緒にワークを進めていってください。
あなたの起業プランを一緒に描いていきましょう。
専用のワークシートをダウンロードしていただけます。

【第2部　制度とお金編】
第3章〜第6章は、辞書です。すべてを読もうとしないでください。あなたに関係のあることや、「今知りたい」と思ったことを、必要な時に調べるように読んでください。

【第3部　トラブル解決編】
第7章は大切な法律の知識です。トラブルに巻き込まれる前に知っておきたいことがありますので、早めに読んでおきましょう。
第8章はリアルな先輩起業家の声から起業に必要なことだけでなく、家族や人間関係を良くするヒントや、人生を楽しく生きるヒントも得られることでしょう。

　特に第2部は税金の話など、読み物として読むには難しく感じられるかもしれません。
　この部分は必要になった時、必要な個所を調べるように読めば理解しやすいと思います。
　同じ内容でも「自分に必要」と思うと吸収できますが、関係ないことは油をはじくかのように頭に入ってきませんから。
　目次を見て必要なことを調べるような気持ちで活用してください。

　なお、本書は2021年4月1日現在の法令に基づいて作成しています。

本書の構成

【第1部　マーケティング編】

第1章　ジブン分析

「何を仕事にしたらいいの?」そんなモヤモヤがスッキリ!

まずは「スキ職診断」にトライして、成功の近道となる起業分野を見つけましょう。

第2章　スキを仕事に変える最初の方法

「どうやってカタチにしていくの?」そんな不安がスッキリ!

「想いをカタチに変える5つのステップ」であなたの起業プランを描いていきましょう。

【第2部　制度とお金編】

第3章　起業の準備Q&A

「開業に必要な準備は?」そんな疑問がスッキリ!

開業届や屋号、口座や印鑑など開業前にやるべきことや無料の相談窓口を紹介します。

第4章　扶養と社会保険Q&A

「いくら稼いだら扶養からはずれるの?」そんなモヤモヤがスッキリ!

気になる扶養の基準と扶養をはずれた場合の変化について紹介します。

第5章　起業と税金Q&A

「いくら稼いだら申告するの?」「何が経費になるの?」そんな疑問がスッキリ!

所得税のしくみと必要経費について、最低限必要なことを紹介します。

第6章　記帳と申告Q&A

「帳簿ってどうやってつけるの?」「確定申告ってなにするの?」そんな疑問がスッキリ!

記帳作業も確定申告も超カンタンらくらくになる帳簿のつけ方を紹介します。

【第3部　問題解決編】

第7章　トラブル回避Q&A

「仕事をする上で気をつけることは?」そんな不安を解消!

トラブルに巻き込まれないために最低限知っておきたい法律の知識を紹介します。

第8章　起業女子お悩みQ&A

「こんなときどうするの?」そんなお悩みを知恵で解決!

起業女子にあるあるなお悩み、先輩しなやか起業家がどう切り抜けてきたか紹介します。

小さく始めて夢をかなえる！
「女性ひとり起業」
スタートBOOK ◎ もくじ

第3章

【起業の準備Q&A】

開業に必要な手続きや準備はどうする?

第4章

【扶養と社会保険Q&A】

起業したら扶養からはずれるの?

第5章

【起業と税金Q&A】

いくら稼いだら申告しないといけないの?

▶第**6**章
▶【記帳と申告 Q&A】
▶帳簿のつけ方と確定申告のポイント

▶第**7**章
▶【トラブル回避 Q&A】
▶仕事をする際に最低限、気をつけたいことは？

第8章
【起業女子　お悩みQ&A】
しなやか起業家の知恵で解決！

編集協力　H&S㈱　岩谷洋昌
本文イラスト　後藤啓介
装幀　岡　孝治

第1章

【ジブン分析】
起業成功のカギは
自分を知ること!

1-1 「スキを仕事に」は甘い?

「好きを仕事に」「趣味を生かして起業」と聞いてあなたはどう感じますか。「仕事はそんな甘いものではない」と否定的に感じたかもしれません。

　否定的に感じた方は「好きなだけでは仕事にならない」「趣味レベルでお金はいただけない」という考えからではないでしょうか。確かに「好き」なだけでは仕事にできません。しかし「好き」だからこそ仕事にできる可能性が高い、と私は思います。

　私には高校生の娘がいますが、勉強している様子を見ていると面白いです。

　まずは好きな英語や日本史から始めます。集中して取り組んでいる様子が伝わってきます。嫌いな科目をやり始めると「はあ〜」と何度も大きなため息が聞こえ、大嫌いな数学や理科はやりません。その結果、当然ですが文系科目が得意で、理数科目は苦手です。

　私は正反対で、数学が好きで、歴史が嫌いでした。持って生まれたものなのか、後天的に形成されたものなのかはわかりませんが、好き嫌いは人それぞれあります。

　起業の魅力は「何をやるか、いつやるか」あらゆることを自分で決められる自由があることです。せっかく、起業するのですから、好きなことをしたほうが良いと思いませんか。わざわざ、ため息をつきたくなるようなことを選ぶ必要はありません。

「好きこそものの上手なれ」という諺があります。広辞苑で調べると「好きなればこそ、飽きずに努力するから、遂にその道の上手となる」とあります。

　今プロとして活躍している人は、多くの時間をそれに費やして飽きずに努力をした人ではないでしょうか。

　天才ピアニストと呼ばれる人も、生まれながらにピアノが弾けたわけではなく、人一倍ピアノの練習をしています。たとえ素晴らしい才能を持っていたとしても練習もせずにプロになった人はいません。

　仕事にするということは、他人にお金を払っていただけるほど上手になる必要があります。そのためには、やはり「努力」が必要です。「努力」を続

けていれば、やがて仕事にすることができます。

　資格をとって仕事をしている人、趣味が高じて仕事になった人、色々な起業のやり方がありますが、今活躍している人に共通することは「続けてきた」ということです。

　思えば、私もボランティアとして始めた「お金の知識の普及活動」が、続けているうちに仕事になりました。

「継続は力なり」そして「継続する」近道が「好きなことをする」ことではないでしょうか。

「好き」を広辞苑で調べると「気に入って心がそれに向かうこと」とあります。「気に入って心が向かうこと」を仕事にできたら幸せですね。

「心が向かわないこと」は行動に移すのもおっくうです。

「才能がある」とか「才能がない」といいますが、生まれ持った人間の能力に大差はないのかもしれません。違いがあるとすれば「心が向かう先」ではないでしょうか。それを「才能」と呼ぶのかもしれません。

　お料理が好きな人は味付けや材料を変えるなどして、オリジナルのメニューを開発されますが、私はレシピ通りで十分です。手を抜くことは考えても、それ以上に工夫したいとは思いません。

　一方、セミナーで使用する資料を作り始めると、家事をしているときも、お風呂に入っているときも「もっとわかりやすく伝えるには？」と考えています。朝から晩までパソコンに向かっていても苦になりません。

「心が向かう」ことには頭も体も良く動き、自然と費やす時間も長くなるものです。その結果上達し、プロとして通用するようになります。

・裁縫が好きで作った小物をＳＮＳに投稿している内に注文が入るようになった人

・好きな着物と好きな写真を組み合わせて、着付けもできる着物写真家として活躍している人

・体を動かすことが好きで、マンションの集会室でヨガを教えていたら、あちこちから声がかかり、複数の教室を持つようになった人

「石の上にも三年」といいますが、ゼロの状態から2〜3年で、夫の扶養から

はずれたり、新入社員以上の収入を得るようになったり、無理なく続けているうちに事業と呼べるようになった人を何人も見てきました。

　共通することは、皆「好きなことをやり続けていた」ということです。

　しなやか起業を成功に導くカギは「好きなこと」「心が向かうこと」を見つけることにありそうです。

1−2 「スキなこと」を見つける方法

　しなやか起業を成功させるカギは「好きなこと」を仕事にすることでした。「好きなこと」は「心が向かうこと」なので「飽きずに努力ができる」から、努力を続けた結果、上達するというわけです。

　では、あなたの好きなことは何でしょうか。

　・映画を見るのが好き　　　・片付けが好き　　　・ネコが好き

　・身体を動かすのが好き　　・ワインが好き　　　・ファッションが好き

　と好きなことを思い浮かべただけでは、仕事とのつながりが見えてきませんね。

　そこで「好きなこと」を、モチベーション（動機付け）に着目して考えたいと思います。

　モチベーションには、外発的動機付けと内発的動機付けの2つがあります。外発的動機付けは報酬や賞罰、強制という外からの刺激による動機付けです。

　例えば「テストで良い点数をとったら何か買ってあげる」「家で勉強させるために宿題を出す」「お手伝いをしたら小遣いをあげる」というのは外発的動機付けです。一時的に効果を発揮しますが、そのモチベーションは長続きしません。

　一方、内発的動機付けは、好奇心や向上心など自分の中から湧き上がってくる動機付けです。例えば「興味のある本を読む」「教師になりたいから勉強する」「家族の役に立ちたいからお手伝いをする」というのは内発的動機付けです。こちらは、行為そのものが楽しかったり、自ら目標を持って取り組んでいたりするため、モチベーションが長続きします。

図 1-1

外発的動機付け	内発的動機付け
・良い点数をとったら何か買ってあげる	・興味のある本を読む
・家で勉強させるために宿題を出す	・教師になりたいから勉強する
・お手伝いをしたら小遣いをあげる	・家族の役に立ちたいからお手伝いをする

　起業に必要なモチベーションは言うまでもなく内発的動機付けです。

　そこで、どんな分野に興味があるのか、どんなときに喜びややりがいを覚えるか、という内発的動機付けに着目して、しなやか起業を【教え系】【癒す系】【作る系】【ワザ系】の4つの分野に分けてみました。

図 1-2　　　　　**＜対人的＞**　　　　　　　　　　　**＜技術的＞**

【教え系】 （知識や技術を伝えることで 人を成長させる）	【作る系】 （モノ作りを通して人に喜ばれる）
【癒す系】 （人の体や心を癒し、回復させる）	【ワザ系】 （専門技術サービスの提供により 人に喜ばれる）

【教え系】と【癒す系】は人に直接影響を与える対人的仕事です。

【教え系】は知識や技術を教え伝えて、人を成長させる仕事です。

　職業例としては、先生と呼ばれる士業や、講師、コンサルタント、アドバイザーなどがこれにあたります。

【癒す系】は人の心や体に働きかけ、不安や痛みを和らげるなど、心や体を癒し健全な状態へと回復させる仕事です。

　カウンセラー、セラピスト、整体師、占い師などがこれにあたります。

【作る系】と【ワザ系】はどちらも技術を提供する仕事です。

【作る系】は、ハンドメイド作家、イラストレーター、菓子職人などモノ作りを通して人に喜ばれる仕事です。

【ワザ系】は、フォトグラファー、家事代行、演奏家など専門技術サービスの提供により人に喜ばれる仕事です。

図1-3

分野	特　徴	職業例
【教え系】	**人に教える仕事** 知識や技術を教え伝えることで人を成長させる	先生・講師、士業、コンサルタント、アドバイザーなど
【癒す系】	**人を癒す仕事** 専門的知識や技術を使って負の状態にある心身を回復させる	カウンセラー、セラピスト、整体師、占い師など
【作る系】	**モノを作る仕事** モノ作りを通して人に喜ばれる	ハンドメイド作家、イラストレーター、菓子職人　など
【ワザ系】	**技術を提供する仕事** 専門的技術の提供により人に喜ばれる	フォトグラファー、家事代行、ネイリスト、演奏家　など

　これらの特徴を踏まえて、あなたのモチベーションが上がりそうな分野を考えてみましょう。

　例えば、お料理が好きな人でも、料理を作って「美味しい」と食べてもらうのが好きな人と、料理を教えることが好きな人では、「好き」のもとになるモチベーションが違います。

　提供するモノやサービスが同じでも、根底にある動機が違えばやり方も違ってきます。自分の内なる動機に気づいて、自分に合ったやり方で仕事をしていくことが、楽しく長続きする秘訣です。

1-3　「スキ職診断」で成功する起業分野を知る

　あなたの「好き」の源泉を知る方法として、「スキ職診断」というツールを用意しました。
「スキ職診断」は「楽しいからやりたい」「こんな自分になりたい」「人の役に立ちたい」と自分の内側から湧き上がるモチベーションの違いに注目して、好きな職業分野の傾向を知る診断ツールです。

　まず、24の質問に、それぞれ子どもの頃（小学生くらい）と現在とに分けて、答えてください。回答は次の3つで答えます。

　○：よく当てはまる　△：少し当てはまる　×：当てはまらない

あまり深く考え込まずに、○△×と回答してください。

図 1-4

NO	質問	子どもの頃	現在
1	話を聞くより話すほうが好き		
2	聞き上手で、人に悩みを打ち明けられるほうである		
3	一人でモノ作りに没頭することが楽しい		
4	人ができないことをやってあげることにやりがいを感じる		
5	友達や後輩に相談されたらアドバイスしたくなる		
6	人の心や体を癒せたときに喜びを感じる		
7	手先は器用なほうで、手作業が好き		
8	繰り返し練習して上達することが楽しい		
9	人に尊敬される存在でありたいと思う		
10	悲しんでいる人がいたら心のサポートをしたい		
11	素材に手を加えて作り上げる過程が楽しい		
12	その場で臨機応変に要望に応えることは張り合いがある		
13	話がわかりやすく説得力があるといわれる		
14	つらい状態から元気になってもらうことに達成感を覚える		
15	ブランド品や既成品より個性的なモノを好む		
16	知識より技術に価値を感じる		
17	「わかりやすかった」と言ってもらえるのが嬉しい		
18	「ラクになった」と言ってもらえるのが嬉しい		
19	自分のことより、作ったものを褒められるほうが嬉しい		
20	人に教えるより自分でやるほうが良い		
21	人前で話したり、人に教えたりするのが好き		
22	ボランティア精神があり、困っている人は自分で助けたい		
23	クオリティの高いものを作ることに達成感を覚える		
24	手に職、熟練の技、スキルで一目置かれたい		

ページをめくる前に、「スキ職診断」にトライしてみましょう。

巻末P234のQRコードから診断用のサイトにアクセスすることができます。診断結果を右の表に書き留めて下さい。また、P75の集計表を使って診断結果を得ることもできます。

図 1-5　□あなたの結果

分野	子ども	現在
教え系		
癒す系		
作る系		
ワザ系		

結果は分野別に得点で示されます。得点が高いものがよりスキ職傾向が強い分野です。ここで3人の整理収納アドバイザーの方の診断結果を例に結果の見方を説明します。

　例えば、Ａさんの場合、「子どもの頃」と「現在」を比べると「現在」のほうが全体的に得点が高くなっています。この傾向は多くの方に見受けられ、その理由は経験によって、できることや興味が広がったためと考えられます。

図 1-6　□Ａさんの結果

分野	子ども	現在
教え系	4	10
癒す系	0	12
作る系	8	6
ワザ系	10	10

　しかし、本当の自分を知るカギは「子どもの頃」にあります。

「現在」の高得点分野は「できるようになった」分野です。それに対して「子どもの頃」の高得点分野は「できちゃう」分野と言っていいでしょう。「得意だからできちゃう」「好きだからやっちゃう」と、無理なく楽しみながら続けられる分野が、子どもの頃の結果でわかります。

　Ａさんは、子どもの頃の結果から【ワザ系×作る系】タイプです。

　Ａさんはもともと着付けを仕事にしていました。着付けのお客様の「着物が増えて家が片付かない」という悩みを解決するため、整理収納アドバイザーの資格を取得しました。現在は家庭や店舗などに出向いて片付けを行う会社の代表を務めておられます。

　次の2つも整理収納アドバイザーの資格を持つ片付けの先生のスキ職診断の結果です。

図 1-7　□Ｂさんの結果　　□Ｃさんの結果

分野	子ども	現在	分野	子ども	現在
教え系	5	11	教え系	2	10
癒す系	4	10	癒す系	2	10
作る系	1	4	作る系	6	9
ワザ系	2	5	ワザ系	4	9

　子どもの頃に注目すると、Ｂさんは【教え系×癒す系】タイプ、Ｃさんは【作る系×ワザ系】タイプです。

　Bさんは、もともと片付けが得意で「人に教えたい」と思い整理収納アドバイザーの資格を取得したそうです。片付けの指導をしているうちに「人によって合うやり方があるのでは？」と気づき、色彩心理を応用した性格診断ができるカラータイプアドバイザー®の資格を取得しました。現在は2つの知識を合わせて子育てのアドバイスをしたり、ＰＴＡなどで講演したり活躍しています。

　Bさんの場合は、子どもの頃のスキ職傾向【教え系】【癒す系】が職業分野の選択に活かされ、さらに仕事を通じてその傾向が強められたことがわかります。

　Cさんは、元銀行員。現在は整理収納アドバイザーとして、簡単にできる収納方法をブログやユーチューブで紹介しています。

　セミナーやお茶会もお客様からの要望に応えて行っているそうですが、一番楽しいのは、簡単に手に入るもので収納グッズを作ったり、オリジナルの収納アイデアを考えたりすることだそう。子どもの頃を振り返ると、「玩具を買ってもらえなくて、何でも自分で作っていたからかもしれません。もともと工作や絵を描くのが好きでした」と話してくれました。

　Cさんの場合、子どもの頃のスキ職傾向【作る系】【ワザ系】を発揮する仕事が楽しみながら「できちゃう」分野で、セミナーなどの仕事を通じて【教え系】【癒す系】も高まり、「できること」の幅が広がったと考えられます。

　このように同じ片付けを仕事にしている人でも、「スキ」のもとが異なれば活かし方も違ってくるのです。

図 1-8　診断結果比較

□Aさん
（家事代行会社設立）

分野	子ども	現在
教え系	4	10
癒す系	0	12
作る系	8	6
ワザ系	10	10

□Bさん
（子育てセミナー講師）

分野	子ども	現在
教え系	5	11
癒す系	4	10
作る系	1	4
ワザ系	2	5

□Cさん
（片付けアイデア開発）

分野	子ども	現在
教え系	2	10
癒す系	2	10
作る系	6	9
ワザ系	4	9

「好きこそものの上手なれ」

スキ職傾向から自己理解を深めることで、あなたの「スキ」を見つけるヒントが得られることでしょう。是非、スキ職診断にトライしてみてください。

1－4　自分を知るには？

「スキ職診断」の結果はいかがでしたか。どの職業分野が高かったでしょうか。

【教え系】【癒し系】【作る系】【ワザ系】4つの分野の得点の高さで、心が向かう好きな職業分野が確認できたと思います。

しかし、「【教え系】といっても何を教えたら良いのか、【作る系】といっても何を作ったら良いのかわからない」という人もいるかもしれません。

そこで、次に「何に興味があるのか」「どんな能力があるのか」「活用できる資源はないか」を考えていきましょう。

これらは過去の自分が教えてくれます。じっくり時間をかけてこれまでの人生を振り返るワークを行いましょう。

このワークは一人でもできますが、数人で一緒にシェアしながら行うことをお勧めします。

誰かに話を聞いてもらうことで、忘れていた記憶が呼び覚まされたり、人の話を聞いているうちに「そう言えば私も」と思い出したり、自分を再発見することができます。

●自分を知るワーク3つのステージ

過去を振り返るワークは、3つのステージに分けて行います。

[Stage1　家族：家族や家庭環境]

家族の職業、性格、生い立ち、思い出やかけられた言葉などを思い出し、どんな影響を受けたか振り返ってみましょう。

[Stage2　学生時代：小学生から大学生まで]

学生時代に打ち込んだこと、興味を持ったこと、将来の夢、憧れた人などを思い出し、「好きなこと」や「自分らしさ」を振り返ってみましょう。

[Stage3　社会人時代：社会に出てから現在まで]

　社会人になって経験した仕事、達成したこと、学んだこと、そしてプライベートな出来事や趣味、友人関係などを思い出し、あなたの「できること」や「人生資源」を振り返ってみましょう。

●自分を知るワークの流れとポイント

　ステージごとに区切って次の流れで進めてください。

①ワークの主旨と記入例を読む

②ワークシートに記入する（時間を計って取り組むと集中できます）

③ワークシートを振り返る（人に話すことで自己理解が深まります）

　ワークを行う際に気をつけていただきたいポイントが2つあります。

①ケンソン禁止

　日本人は自分のことを謙遜してしまう癖があります。「この程度で得意だなんて言ったら笑われるかも」「もっと上手な人がいる」とへりくだることなく、「一度でも褒められたら料理上手」くらいの勢いで自分を認めてください。

②ヒハン禁止（複数でシェアする場合）

　シェアする際、聞き手は決して否定したり、ネガティブなことを言ったりしないでください。「その程度なら私もできる」「それは無理じゃない」などの悪魔言葉は禁止です。「へえ〜」「すごい」「いいね〜」とうなずきながら聞いてください。ときには「それでどう思ったの」「なぜそう思ったの」と質問してあげると、話し手は自己理解が深まります。

　このように丁寧に過去の自分を振り返ることにより、自分の興味関心、価値観、職業観を知ることができます。

> ●**興味関心**：何が好きか、何が楽しいと感じるか
> ●**価値観**：何を大切にしたいか、どのような生き方をしたいか
> ●**職業観**：どのように人の役に立ちたいか、どんな働き方がしたいか

　そしてこれまでの経験や出会いなどを整理することで、今ある人生資源が明らかになり、「できること」も浮き彫りになってきます。

このワークは起業を考えるときだけでなく、事業をスタートした後でも、是非、取り組んでください。ここに立ち戻ることで、その時々に何かしらヒントが得られます。

また一度ではなく、何度かメンバーを変えてやることで、より多くの気づきが得られることでしょう。聞き手が変われば違った部分が引き出される可能性があります。

自分らしさを発揮して、これからの人生を心豊かにより充実したものにするために、「自分を知るワーク」にトライしてください。

1－5　自分を知る［stage1　家族と家庭環境］

はじめに、家族や家庭環境について思い出してみましょう。
「子どもは親の後姿を見て育つ」といいますが、体質や生活習慣だけでなく、価値観、思考、性格など親から様々なことを受け継いでいるものです。職業選択においても、少なからず親や身近な人の影響を受けているのではないでしょうか。

また、身近な人からかけられた言葉や評価が子どもの自己認識に大きな影響を与えることもあります。自分を知る手がかりに、まずは家族のことを振り返ってみましょう。

●お金の知識でがん患者さんの力になりたい

私の友人にファイナンシャルプランナーの資格を取得して、医療機関でがん患者さんのお金や就労の相談を受けている人がいます。

結婚後、家計をやりくりするためにお金の知識を学んだのが資格を取得するきっかけだったそうですが、現在は医療従事者を会員に持つ「一般社団法人がんライフアドバイザー協会」の代表理事として、アドバイザーの育成と講演活動で全国を飛び回っています。

彼女の生い立ちを尋ねたところ、父親は勤務医、祖父は開業医という医者の家系に生まれ、患者さんと接している祖父の姿に憧れを抱いていたそうです。医学の道には進みませんでしたが、医薬品を扱う企業に就職し、医療と関わりを持つ仕事に就きました。

　結婚を機に仕事をやめ、彼女がファイナンシャルプランナーの勉強をしていた最中、父親ががんで亡くなりました。

　闘病を支える中で「がん患者さんの力になりたい」という想いが芽生えたそうです。ＣＦＰ®資格を取得して5年後には協会を立ち上げ、「患者さんの身近な存在である医療従事者がお金の相談にも応じられるようにすることで、全国のがん患者さんのお金や仕事といった社会的苦痛を緩和したい」と、活動を広げておられます。

●会社員からカフェオーナーに転身

　大手企業を早期退職し、実家の空きスペースを活用して「おから亭」というカフェを開いて、フェアトレードのコーヒーを提供している女性がいます。

　退職前からライフプランについて相談を受けていましたが、久しぶりにお会いして、彼女の転身ぶりに驚きました。

「なぜコーヒーなのか」と尋ねてみたところ、「無理なく発展途上国支援に関われて、途上国の現状や支援の方法を知っていただくのにコーヒーは都合が良い」というお話でした。

　なぜそこまで途上国支援にこだわるのか尋ねたところ、「母がよく言ってたんです」と子どもの頃に言い聞かされてきた言葉を教えてくれました。「困ったときに何かしてもらったら嬉しいやろ。嬉しいんやったら人にもしてやり」

　そんな教えからかずっとボランティア活動に興味があったものの、消極的な性格のため行動に移せなかったそうです。そのことに後悔の念を抱くようになった頃「フェアトレード」という社会貢献の方法があることを知り、衝撃を受けたといいます。

「自分にできることは？」と模索しているときに、ネパールで人身売買被害者を支援している人と出会い、コーヒーを輸入することになったそうです。「まさか輸入をするようになるとは」とご自身が一番驚いておられる様子で、「商売と思ったらできなかったかもしれないけれど、途上国の人の生活をサポートできると思うから頑張ることができました」と話してくれました。

図1-9　ちいさな小屋から世界とつながる～おから亭

　彼女たちに共通することは、家族の影響です。家庭環境やかけられた言葉が、いつしか使命感となって彼女たちを突き動かしているのではないでしょうか。

　あなたも自分を知る手がかりとして、家族について思い出してみてください。

　祖父母、両親、兄弟や親戚など身近な人について

・どんな人でどんな影響を受けていたか

・職業、性格、好きなところ、嫌いなところ

・親の生い立ち、親の夢や目標

・口ぐせやかけられた言葉

・記憶に残るエピソード　など

書き出してみましょう。

　また、自分の興味関心、価値観、職業観を知る手がかりとして、そのとき感じていたこと、気づいたことも書き出してみましょう。

●興味関心：何が好きか、何が楽しいと感じるか
●価値観：何を大切にしたいか、どのような生き方をしたいか
●職業観：どのように人の役に立ちたいか、どんな働き方がしたいか

　ワークシートは記憶を整理するツールとして、思い出したことをキーワードで書いてください。他人が見て意味がわからなくても構いません。
　ワークのやり方の例として、以下に私のワークシートと振り返りを紹介します。

図 1-10　ワークシート【stage 1 家族と家庭環境】（記入例）

家族	仕事・性格・生い立ちなど	思い出・心に残る言葉など	感じていたこと
父親	会社員（運転手）農業生真面目、内弁慶、神経質9人兄弟の5男	いつも作業着姿習字を教えてくれた病気がちで心配した	肉体労働は大変
母親	農業、漁業　温厚、親切、働き者　幼い頃両親を亡くし養女に	「勉強をしたければ、どこまでも行かせてやる」	女性も働くもの理想の母親像
祖父	華道・書道の先生　地域の人の信頼が厚い人物	着物姿の遺影	憧れの存在
祖母	信仰熱心、花好き 始末屋	「一番孫」と可愛がってくれた	自尊感情
兄弟姉妹	弟2人	よく喧嘩した	負けられない
親戚	叔父叔母8家族 従姉妹と密に交流	盆正月は賑やか	心強さ

■ワークシート【Stage 1 家族と家庭環境】の振り返り（例）

　私は熊本県で生まれ育ちました。両親と祖母と弟2人の6人家族。父は会社員として働きながら米や野菜などを作っていました。父は小学生のときに父

親を亡くし、中学もまともに行けなかったようです。母は幼い頃に両親とも亡くし、養女として育てられたそうです。母が学校に通えたのは小学校低学年まで。「学校に行ける子が羨ましかった」という話を何度も聞かされました。

　私は3人兄弟の長女、下に弟が2人います。私たちを大学に行かせる経済的余裕はなかったと思いますが、「わが子には学歴がない苦労をさせたくない」と思っていたのでしょう。母は口ぐせのように「勉強したかなら、どこまでも行かせてやるけんね」と力強く言ってくれました。その言葉のお陰で私は「教師になる」夢をあきらめずに、希望を持ち続けることができました。

　また、私の職業観に大きな影響を与えたのは、会ったこともない祖父です。

　40代の若さで他界した祖父は、華道と書道の先生だったそうです。物知りで温厚な人柄で地域の人に頼られる存在だったようで、常々「お爺さんは立派な人だった」と聞かされ、祖父のことを誇りに思っていました。

　そんな祖父への憧れが「先生」と呼ばれる「教師」という夢につながったのではないかと思います。

　また、両親の働く姿から肉体労働の大変さを痛感していたことや、女性も経済力を持つことの必要性を感じていたことも、「教師」に憧れた理由かもしれません。

　さあ、次はあなたの番です。家族のことを思い出してワークシートに書き出してみましょう。どんな家族で、あなたはどんな影響を受けて育ったのでしょうか。

　ワークシートは巻末のＱＲコードからダウンロードすることができます。

　一人で作業するのも良いですが、人に話すことで気づきを得たり、人の話を聞くことで思い出すことがあったり、より深く自分を知ることができますので、数人で取り組まれることをお勧めします。

1－6　自分を知る［stage2　学生時代］

　続いて、学生時代を振り返ってみましょう。

　学生時代に出会った友人や先生、得意だった勉強、打ち込んだこと、楽しい体験を振り返ってみましょう。その時々に芽生えた興味関心、将来の夢、

そしてどんなことを感じていたか思い出してみましょう。

特に思春期は「自分とは何だろう」「何がしたいのか」など、自分自身について思い悩み、自我が形成されていく時期です。学生時代を振り返ることで「自分らしさ」に気づくことができることでしょう。

●研修講師の原点は遊び好き

専業主婦から起業し、人材育成・社内コミュニケーションの研修講師として活躍している女性がいます。

私が彼女と出会ったのは4年前。「友人の仕事の手伝いを始めた」という話を伺っていました。それから2年程して「扶養からはずれそう」と相談を受け、その翌年には『どんな部下でも成長する最強の面談術』という書籍を出版されました。

タイトルからはビジネス書のようですが、副題に「家族にも効く」とあるように、子育ての場面でも使える内容で、家庭でもやったほうがいいコミュニケーション術が満載です。

そんな彼女の学生時代の話を伺ったところ、返ってきた言葉は意外なものでした。
「私ね、ちゃらんぽらんで、何も頑張ったことがなかったの。高校では帰宅部で、バンドの追っかけして遊んでいた記憶しかない。やりたいこともなかったから、大学も就職も親に決めてもらった感じ。地元の短大を出て、地元の会社に就職して、特に不満はなかったけど、自分に自信はなかったかな。何かに打ち込んだり、目標を持って努力したりした経験がなかったから、何かやってみようと思っても『どうせ無理』ってすぐあきらめてしまう子だったの」と笑いながら話してくれました。

そんな彼女が社内コミュニケーションの専門家として活躍しているわけですが、過去に人材育成に関わる仕事をしていたわけではありません。

結婚後、専業主婦となった彼女は、子育てをしながら「おもちゃコンサルタント」の資格を取得し、親子の遊びをプロデュースするボランティア活動を始めたそうです。

多くの親子と関わるうちに、親子関係に興味を持ったことがコミュニケーションを学ぶきっかけになったとのこと。「遊び」と「子育て」が現在の仕

事の原点だと話してくれました。

　そこまで話したところで、「あー、そう言えば」と大切な何かを思い出したように、こんな話をしてくれました。

「学生時代、これといって得意なことはなかったけれど、遊ぶことが大好きだったの。田舎だったから、子どもの頃は自然の中で基地を作ったり、ルールを考えて遊びを作り出したり、遊ぶときはリーダーシップをとっていたかも」と懐かしそうに話をしてくれました。

　今の仕事の原点である「遊びのプロデュース」は子どもの頃好きだった「遊び」とつながっていたのです。

「好きなこと」や「自分らしさ」は子どもの頃の自分が教えてくれます。

　子どもの頃、夢中になっていたこと、なぜ楽しかったのか、何がモチベーションになっていたのか、そのときの感情とともに思い出してみましょう。

　小学校、中学校、高校、大学（専門学校など）それぞれの時期を振り返って、以下の項目について考えてみてください。すべてに答える必要はありません。また以下の項目以外のことでも構いません。

　①将来の夢や憧れの職業は？

　②憧れの人や影響を受けた人は？

　③得意な科目や好きな勉強は？

　④習い事やクラブ活動、委員会活動など取り組んでいたことは？

　⑤アルバイトやボランティア活動などの経験は？

　⑥勉強以外で好きなこと、得意なこと、楽しかったことは？

　⑦興味はあったけれど、やらなかったことは？

　⑧座右の銘、心に残る言葉、影響を受けた考えは？

　⑨その頃の性格、どんな存在、どんな役割だったか？

　⑩自分自身についてどんなことを感じていたか？

　これらをワークシートに書きながら、「なぜ」を考えてみてください。

「なぜその職業に憧れたのか」「なぜそれが好きだったのか」「なぜ頑張ったのか」など掘り下げて考えることで、あなたの興味関心、価値観、職業観に影響を与えていることがわかると思います。

●興味関心：何が好きか、何が楽しいと感じるか
●価値観：何を大切にしたいか、どのような生き方をしたいか
●職業観：どのように人の役に立ちたいか、どんな働き方がしたいか

　ワークのやり方の例として、以下に私のワークシートと振り返りを紹介します。

図1-11　ワークシート【stage 2学生時代】（記入例）

		小学生まで	中学生	高校生	大学生など
①	将来の夢 憧れの職業	教師	教師	教師	教師 ➡ ？
②	憧れの人 影響された人	小1の担任教師		従姉妹	部活の先輩
③	得意な科目 取得資格	国語、書道		数学	心理学 小学校教諭免許
④	課外活動 習い事	放送委員 そろばん	ピアノ		空手部
⑤	学校外活動 アルバイト			遊園地で アルバイト	家庭教師
⑥	好きなこと 楽しいこと	自作の遊び フットベースボール	音楽	体育祭	部活のオフ会 映画
⑦	やりたかった こと	ピアノ		心理学	一人暮らし
⑧	影響を受けた 言葉・考え方		消費者の権利		男女雇用機会均等法 マズロー
⑨	性格や役割	活発 まとめ役	真面目 大人しい	明るい	頑張り屋
⑩	感じたこと	楽しい毎日	自信喪失	自信回復	井の中の蛙

■ワークシート【Stage 2学生時代】の振り返り（例）
　①将来の夢と②憧れの人

地域の人の信頼が厚かった祖父への憧れが「教師」という職業に結びついたのは小学生になってからでした。1年生のときの担任教師は上品で優しい女の先生で、子どもを育てながら男性と肩を並べて働く姿がカッコ良い、と憧れていました。

「教師になるためには」と逆算して勉強に励み、中学生になって「採用試験にピアノの試験がある」と知ると、遅ればせながらピアノを習い始めました。

　一歩一歩夢に近づいて教育大学に進学しましたが、いよいよ就職というときに、教師になることに違和感を覚えるようになりました。

「教師になりたい」と思っていた理由を掘り下げて考えてみると

　・祖父のように人に信頼される存在になりたい

　・男女差なく責任ある仕事を任されたい

　・家庭を持っても働き続けたい

　いちずに目指して来た教師は、「知っている職業の中でこれらの条件を満たしていただけかもしれない」と思うようになりました。

　そして何より、「子ども達への思い」が足りないことに気づき、民間企業に就職することにしました。

③得意なこと

　学生時代得意だったことといえば数学です。与えられた条件から答えを導き出す作業が、パズルを解くようで面白いと感じていました。

　この感覚は今の仕事でも役に立っていて、相談者の状況を分析して、使える制度や最適な資産形成の方法を考えたり、将来にわたる資金計画をシミュレーションしたり、数字を用いて課題や解決策を導き出す作業に面白みを感じます。

⑧影響を受けた考え

　中学生のとき、授業でケネディ大統領が提唱した「消費者の権利」を教わったとき、説明を聞きながら、公正な社会を実現する考え方に、拍手を送りたいような気持ちになったことを今でも覚えています。

　ファイナンシャルプランナーの資格も色々な活かし方がありますが、私は「消費者の知る権利を保障したい」という思いで仕事をしています。

「投資は自己責任」などといわれますが、十分な情報も与えられずに判断

を迫られて、その結果、不利益を被っているという話を聞くと、無性に腹が立ち本人より私が熱くなってしまうようなこともあります。

　人それぞれ情熱を傾けられること、心の奥底から突き動かされる何かがあると思いますが、私の場合は「フェアでない」ことに対する怒りが原動力となっているようです。

　さあ、次はあなたの番です。あなたはどんな学生でしたか。

　どんなことに興味を持ち、どんなことを楽しんでいたでしょうか。

　そして、どんなことを思い、感じていたのでしょうか。

　じっくり学生時代を振り返ってみてください。記憶を思い起こしながら、「本来のあなた」や「自分らしさ」に出会うことでしょう。

　家族や友人に「私どんな子だった？」と尋ねてみるのも良い方法です。きっと自分では気づかなかった自分を発見することができるはずです。

　ワークシートは巻末のＱＲコードからダウンロードすることができます。

　一人で作業するのも良いですが、人に話すことで気づきを得たり、人の話を聞くことで思い出すことがあったり、より深く自分を知ることができますので、数人で取り組まれることをお勧めします。

1－7　自分を知る［stage3　社会人時代］

　次は社会人になってからこれまでを振り返ってみましょう。

　社会に出てどんな仕事を経験しましたか。そこで達成したこと、失敗したこと、学んだこと、出会った人、すべてあなたの財産です。そして仕事や学びだけでなく、家事や子育て、趣味や友達付き合いなどのプライベートな経験もあなたの人間性や能力を豊かにしてくれています。

　これまでを振り返って、今あるあなたの「人生資源」を確認しましょう。

●子育て経験から人気占い師に

「開運アドバイザー」として企業に占いのコンテンツを提供したり、開運講座を開催したり、オリジナルの手帳『クラウンダイアリー』を発売したり、

マルチに活躍している占い師の女性がいます。

　大学生を筆頭に4人のお子さんを女手一つで育てている彼女。これまでどんな経験をして今に至ったのか尋ねたところ、驚いたことに「社会に出て、一度も勤めたことがない」といいます。

　大学卒業後すぐに家庭に入り、4人の男の子の母親になりました。このとき「同じように育てているのに、なぜこんなにも違うのか？」と子どもたちの様子を見て、「持って生まれた違い」に興味がわいたそうです。そこで出会ったのが宿曜占星術。それぞれの性質に合わせた声のかけ方、勉強のやり方がわかると、子育てのストレスがなくなりました。

　学生時代から本を読むことも占いなどスピリチュアルなことも好きだった彼女。古本屋で見つけた本を読んだり、お寺にある資料を見せてもらったりして、宿曜占星術を独学で学び、さらに風水やタロットなど占いに関する知識を深め、『咲麗流宿曜鑑定』を確立しました。

　そんな彼女が働くキッカケになったのは離婚したことでした。

　それまで一度も働いた経験がなかった彼女は、地元でカフェを開くことにしました。カフェを経営しながらお客さんに占いを披露すると、多くのデータが集まり自分なりに統計をとることができたといいます。それを活用して独自に占いコンテンツを作成し企業数百社に販売することに成功。現在は占い師として生計を立てています。

　このように、職業経験だけでなく、趣味や悩んだ経験が人の役に立つことがあります。

　子どものアレルギーを克服した経験からアレルギー専門のネットショップを立ち上げた人、子育てに悩んだ経験から子育てコーチングを仕事にするようになった人、離婚の反省から幸せなパートナーシップを築くためのコミュニケーション術を伝える人など、悩んだ経験を財産として人の役に立つ仕事をしている人も多くいます。

　社会人になってからの職業経験、そして趣味やプライベートな悩みなど、公私にわたって広く思い出してみましょう。

　「20代、30代」という年代別または「結婚前、結婚後」などライフスタイル

で区切って、その時期その時期を振り返ってみましょう。

　次のような質問項目を用意しました。
　すべてに答える必要はありません。また以下の項目に当てはまらない内容を追加しても構いません。

　①ライフイベント（結婚、出産、転職、転居等）は？
　②職業や地域活動などの役割は？
　③恩師や影響を受けた人、人生の転機と思えるような出会いは？
　④達成したことや、褒められたこと、得意だったことは？
　⑤仕事や社会活動において失敗や反省したこと、不満に思ったことは？
　⑥学んだこと、取得した資格やスキルは？
　⑦興味があったけれどやらなかったことは？
　⑧趣味、好きなこと、楽しいと感じていたことは？
　⑨悩んだこと、つらかったこと、不安に感じたことは？
　⑩影響を受けた考え方などは？

　ワークシート記入のルールはケンソン禁止です。どんな些細なことでも構いませんので、思い出す限り書き出してみましょう。また、ワークシートは他人が見て意味がわからなくても構いません。思い出したことをキーワードで書いてください。
　ワークのやり方の例として、次のページに私のワークシートと振り返りを紹介します。

図 1-12 ワークシート【Stage 3 社会人時代】（記入例）

ライフステージ	20代	30代	40代以降
ライフイベント	就職・転職	結婚・夫独立・出産	父他界
職業・役割	営業➡アシスタント➡コンサル・講師	講師業➡事務所の経理➡生協の組合員活動	事務所の経理 企業で相談業務従事 ＦＰとして独立
人・出会い	資格スクールの恩師	先輩ママ	ＦＰの先輩 女性起業家
達成・得意	視覚的に表現するわかりやすく伝える	ＰＣで業務の簡素化易しく楽しく伝える	コラム執筆 親しみやすい
反省・不満	実務不足	実務家への憧れ	器用貧乏
学び・資格	中小企業診断士 日商簿記２級	ＦＰ３級、ＡＦＰ® 話し方 子育て講座	ＣＦＰ® 住宅ローンアドバイザー 心理学
やりたかったこと	コーチング		
趣味・娯楽	スキー　ゴルフ	スキー　子育て	旅行
悩み・不安	仕事・会社の解散 お金の不安	娘のアレルギー 子育て	中学受験
影響を受けた考えなど	人生に角度をつける	自分に期待しよう	人生は一度きり

■ワークシート【Stage 3 社会人時代】の振り返り（例）

①20代

　大学卒業後、最初に入った会社では営業を経験しました。いわゆるブラック企業でしたが、幅広い年齢層の様々な職種の人と接したことは良い勉強になったと思います。

　次に勤めたコンサルティング会社では財務分析などを行うアシスタント業

務に就きました。私にとって分析作業や資料作りそのものが楽しい作業でした。ときにはコンサルタントに代わり分析結果を説明することもあり、やりがいを感じていました。「もっと勉強してコンサルタントを目指そう！」と中小企業診断士の資格を取得したのですが、間もなく会社が解散してしまいました。

仕事を失って困っていたところ、恩師に声をかけていただき、専門学校で中小企業診断士の受験指導の講師を務めることになりました。

②30代

結婚後も資格を活かして研修講師の仕事をしていましたが、長女を授かったことを機に仕事をやめました。

ちょうどその頃、夫が独立開業することになったため、会計の知識を活かして事務所の手伝いをしました。ところが、法人と個人とでは税金のしくみが異なり税理士さんの話が腑に落ちなかったり、社会保険の用語が理解できなかったり、個人事業にまつわる知識がなく困る場面がありました。

また、金融機関の方からは「自営業は大変。ご主人が亡くなったり、病気になったりしたらどうしますか？」と保険を勧められ、月10万円近い保険料を提示されたこともありました。

お金に疎く他人任せになっている状況に不安を感じたのが、ファイナンシャルプランナーの勉強を始めるきっかけでした。

そして、学んでみると、驚きとともに、怒りがこみ上げてきました。「なぜこんな大切なことを今まで学ばなかったのか」「もしかして私たちが知らないほうが国も金融機関も都合がいいのでは？」と「知る権利」さえ保障されていないことに憤りを覚えました。この怒りのエネルギーが、飽きずに今の仕事を続けてきた原動力になっています。

ＦＰ3級から最上級資格であるＣＦＰ®を取得するまで4年ほど掛かりましたが、その間、生協の組合員向けにお金の知識を広めるライフプランニング活動に携わりました。

ボランティア的な活動でしたが、個人相談、学習会の企画から講師も務め、貴重な経験を積むことができました。

③40代

　ボランティアから仕事へと舵を切ったきっかけとなったのは、ＣＦＰ®資格を取得した後、先輩の紹介で、大手電機メーカーの従業員向けに相談業務に従事したことでした。

　私を含む有資格者が社内に常駐して、全世界にいる従業員から、資産運用、保険、税金、住宅資金、教育資金、老後資金、相続など、あらゆる分野について相談を受けました。幅広い相談を受けるというだけでなく、他の専門家と意見を交わすこともでき、質量ともに学び多き2年間でした。

　こうして振り返ってみると、人生の転機となる時期には、恩師や先輩など手を差し伸べてくれる人がいたことに気づきます。

「仕事は人から入ってくる」

　一つひとつの仕事を振り返ってみても、「この人に紹介してもらった」「あの人に誘ってもらった」とどれも人の顔が浮かんできます。

　そしていつも私の背中を押してくれたのは夫でした。

「人生一度きりだから、やってみたら」

　新たな分野にトライするとき、自信がなくて迷ったとき、いつもこの言葉をかけてくれました。

　そして、仕事を通じて出会った多くのしなやかに活躍する女性たちとの出会いも私の宝物です。彼女たちのお陰で「お金の知識で女性のしなやかな生き方を応援できる」という私の役割に気づくことができました。

　社会に出て経験したこと、問題意識を持って学んだこと、そして人とのつながり、どれもありがたい財産です。

　さあ、今度はあなたの番です。社会に出てからどんな経験をしてきましたか。どんな些細なことでも構いません。思い出す限り書き出してみましょう。

　これからのあなたを応援してくれる「人生資源」の豊かさに気づくことでしょう。

　ワークシートは巻末のＱＲコードからダウンロードすることができます。

　一人で作業するのも良いですが、人に話すことで気づきを得たり、人の話を聞くことでさらに思い出すことがあったり、より深く自分を知ることができますので、数人で取り組まれることをお勧めします。

第2章

【スキを仕事に変える最初の方法】
しなやか起業を
カタチにする!

2−1　想いをカタチにする5ステップ

　自分を知るワークはいかがでしたか。

　過去の自分を振り返ることで、「好きなこと」や「できること」が明らかになってきたのではないでしょうか。

　ではこれから、あなたの「しなやか起業」を育てていきましょう。

　植物を育てるように、①起業のタネをまき、②アイデアの芽が出たら、③幹となる基本的な考え方（起業コンセプト）を明確にして、④枝葉を伸ばして事業をお客様に届けます。

　お客様に⑤満足の花が咲いたら、⑥感謝の実が成ることでしょう。

図2-1

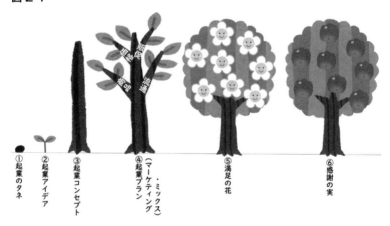

①起業のタネ　②起業アイデア　③起業コンセプト　④起業プラン（マーケティング・ミックス）　⑤満足の花　⑥感謝の実

　この章では、①起業のタネから②起業のアイデアを見つけ、③起業コンセプトを明確にして、枝葉を伸ばして事業をお客様に届ける④起業プラン（マーケティングミックス）づくりまでを、次の5つのステップに分けて、一緒に考えていきます。

図2-2 想いをカタチにする5ステップ

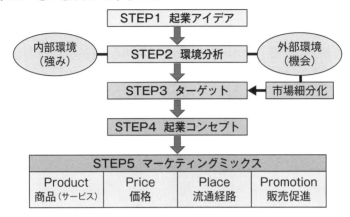

STEP1 起業アイデアを見つける

「やりたいこと」と「できること」、そして人から「求められること」が重なり合う起業アイデアを見つけます。

STEP2 環境を分析する

起業アイデアを育てるために必要な環境が整っているか、内外の環境を分析して、事業化の可能性を高めます。

STEP3 ターゲットを設定する

誰に向けて事業を行うのか、対象顧客を設定します。

STEP4 事業コンセプトを明確にする

事業を行う上で基本となる考え方「誰に、どんな価値を、どのように」提供するかを明確にします。

STEP5 マーケティングミックスを構築する

事業コンセプトをカタチにするための具体的な方法を考えます。どんな商品やサービスを提供するか、価格はいくらにするか、どのような販売経路で顧客に届けるか、広告や販売促進はどうするか、検討します。

では、順を追って、一緒にあなたの起業への想いをカタチにしていきましょう。

2-2　STEP1-1　起業のタネを見つける

まず、起業アイデアを探すことから始めたいと思います。

起業の芽となる起業アイデアは、「やりたいこと」「できること」そして人から「求められること」が重なり合った部分にあります。

図2-3

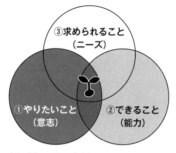

①やりたいこと（意志）：私の好きなこと、願望、動機

②できること（能力）　：私の得意なこと、専門的知識、スキル

③求められること（ニーズ）：他人の欲求、必要なこと

まず、最初に「①やりたいこと」と「②できること」が重なる「起業のタネ」を見つけることから始めましょう。そのために必要なことは「自分を知る」ことです。

図2-4

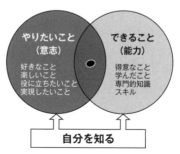

第1章で作成したワークシートをもう一度振り返りながら、「やりたいこと」「できること」を書き出してみましょう。

●やりたいこと

・好きなこと、それをしていると楽しいと感じること

・こんな風に人の役に立ちたい、こんな自分でありたいと思う欲求

・こんな社会になれば良い、こんなことできたらいいなという願望

●できること

・人より上手にできること、褒められたり評価されたりした得意なこと

・興味を持って勉強したこと、取得した資格

・仕事や学び、経験を通して得た知識やスキル

しなやか起業で活躍している人を見ると「起業のタネ」の探し方は、大きく2つに分けることができます。

●得意伸長型：好きなこと、得意なことで人の役に立つ

●悩み克服型：困ったこと、悩んだことを克服した経験で、人の役に立つ

「お片付け」の仕事をしている人にも「もともと片付けが得意で人に教えたいと思った」という人もいれば「片付けが苦手で、なんとかしたくて勉強した」という人もいます。

前者は「得意伸長型」後者は「苦手克服型」です。どちらのタイプが良い悪いということはありません。もともと得意だったことも、努力してできるようになったことも、どちらも起業のタネになります。

●好きと得意が重なった羊毛フェルト作家

得意伸長型の例として、趣味が高じていつの間にか仕事になったという羊毛フェルトの作家さんを紹介します。

ＳＮＳでリアルな動物の作品を見て「愛犬そっくりにつくりたい」と教室に通い始めた彼女。本物そっくりに出来上がるのが嬉しくて、つくっては友人にプレゼントしていたそうです。その作品を見た方から「うちの子もつくってもらえないか」と注文が入るようになったといいます。

これは、愛犬を亡くし塞ぎこんでいた奥様へ「サプライズプレゼントをしたい」とご主人が依頼されたもの。

図 2-5

図 2-6

羊毛フエルト作品　えんもとみえ作

　プレゼントを受け取られた奥様はペットの名前を呼んで涙を流されたといいます。

　制作する際には、飼い主さんから写真を送ってもらい、その子らしい表情やポーズについてヒアリングした上で、動物の骨格や筋肉の状態まで研究するそうです。

　制作には小さなものでも1〜2日ほどかかり、50センチほどのものでは2〜3カ月かかることもあるとか。特殊なニードル針でチクチク刺して毛の状態を再現する根気のいる作業ですが、「好きだからできる」とおっしゃいます。

「ペットの遺影を見ると悲しい気持ちになるけれど、羊毛フエルトの愛犬を見ると思わず笑顔になる」と悲しみから立ち直った話を聞いたり、作品を渡したときに喜んでもらったり、つくる楽しさにそんな幸せな気持ちがプラスされて「一粒で二度おいしい」とおっしゃいます。

「動物も好き、手芸も好き」と趣味で始めたことがペットロスも癒し、飼い主さんに喜ばれる仕事になりました。

●アレルギーに悩んだ経験からネットショップの店主に

　悩み克服型の例として、子どものアレルギーに悩んだ経験から、ネットシ

ョップを立ち上げた女性を紹介します。

生後間もなくお子さんが卵アレルギーを発症し、当時は関連情報も少なく、食品選びにも苦労されたそうです。幸い、良いお医者様に出会い、育児サークルでアレルギー除去食品の存在を知るなどして、生活の質を向上させることができたといいます。

そんな経験から、自分と同じように悩んでいる人の力になりたいと思い、インターネットショップの勉強会に参加するところからスタートしました。『もぐもぐ共和国』というアレルギー専門のネットショップを立ち上げ、アレルギー関連商品を販売するだけではなく、アレルギーの知識や、信頼できる専門医、子育て支援センターの情報なども提供しています。

このサイトは、大阪府中小企業支援センター「テイクオフ21認定事業」に認定され、優秀なサイトとして複数の賞も受賞しています。

サイトに掲載されている店長さんの挨拶の中に、こんな記載があります。「卵を使っていないマヨネーズの存在を知り、初めてポテトサラダを食べさせることができた。『この子も人と同じものが食べられる』と喜びが込み上げてきた」

アレルギーっ子の母親であれば、痛いほどこの気持ちがわかると思います。当事者だからこそ理解できる大変さやありがたさがあります。

悩んだ経験、困った経験は宝です。その経験は同じような悩みや問題を抱える人にとって、おおいに役に立ちます。その人の状況や気持ちが理解でき、よりきめ細かくニーズに応えることができることでしょう。

好きなこと、得意なことだけでなく、これまで悩んだこと、困ったことも思い出してみてください。

では、もう一度、自分を知るワークの3つのstageのシートを振り返って、あなたの「起業のタネ」を見つけてみましょう。

このとき、大切なことは心から「やりたい」と思えるかです。

意志があれば能力はあとから高めることもできます。まだスキルが不十分であったとしても、情熱を注いで育てていけば良いのです。

少し知っているという程度の知識であっても、全く知らない人にとっては

役に立ちます。初心者にとっては、スペシャリストの難しい話より、少し先をいく人の話のほうが理解しやすいということもよくあることです。

「まだ資格を取ったばかりだから」「まだ知識が浅いから」とブレーキを踏む必要はありません。自信がなければ、最初はモニターを募集するなどして練習するのも良いでしょう。どれだけ乗り方を学んでも、乗ってみなければ自転車に乗れるようにはなりませんから。

　では、あなたの「やりたいこと」と「できること」が重なる、時間をかけても育てたい「起業のタネ」を見つけましょう。ワークシートは巻末のQRコードからダウンロードすることができます。

図2-7

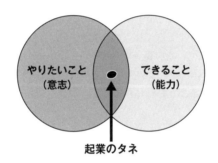

起業のタネ

2－3　STEP1－2　起業アイデアを探す

「やりたいこと」と「できること」が重なる「起業のタネ」は見つかりましたか。では、そのタネから「起業の芽」が出るように、今度は外に目を向けてみましょう。

「子育てに悩む人の力になりたい」とカウンセラーの資格を取得しても、もし子育てに悩んでいる人がいなければ仕事にはなりません。

　仕事にするためには「人に求められる」こと、「ニーズ」が必要です。

図 2-8

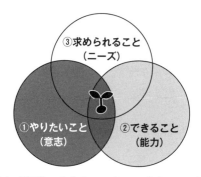

あなたが見つけた「起業のタネ」に、どのようなニーズがあるか探してみましょう。

ニーズの探し方には次のような方法があります。

①人に聞いてみる

「こんなことしようと思うけど、仕事になると思う？」と身近な人に相談することから始めてはいかがでしょう。

ただし、若い人を対象にするサービスを親に相談しても仕方がありません。見込み客になりうる人の意見のほうが役に立ちます。

以前、「ペットシッターをしたい」という女性から、相談を受けたことがありますが、今だったらもっと良い相談役になれると思います。

当時、私はペットを飼っていませんでしたので、ニーズはあるとは思いましたが、個人的には「ペットホテルのほうが安心」という気がしていました。しかし、実際にペットを飼ってみると、ペットホテルに預ける心苦しさが理解できます。

「慣れない場所で、狭いケージに入れられて、理由もわからず、どれだけストレスに感じるだろう」と思うと、自宅で世話をしてもらうありがたさが身に沁みます。

ペットに関するサービスを考えている方はペットを飼っている、または飼った経験のある方に意見を聞く方が良いでしょう。

当事者であれば、良いアドバイスをしてもらえたり、サービスを提供できるようになったら利用してくれたり、応援してもらえる可能性もあります。

②インターネットで検索してみる

　手軽にニーズを知る方法として関連するワードで検索して調べる方法があります。「お悩みQ＆A」のようなサイトを見て、掲載されている悩みに対して、あなたならどのように役に立てるか考えてみるのも良いでしょう。

　一口に子育ての悩みといっても、乳幼児の子どもの悩みなのか思春期の子どもの悩みなのか、また悩みの種類も、心身の発達に関すること、生活習慣に関すること、勉強に関することなどさまざまです。

　その中で、特に自分が役に立ちたい人はどんな悩みを持つ人なのか、と考えてみましょう。

　また、すでにその分野で活躍している人の情報も見つかることでしょう。その場合は、ニーズがある証でもあります。商品・サービスがどのように提供されているかも参考になると思います。

　すでにその分野で活躍している方の話を聞くのも良いですね。

③ニーズをつくる

　あなたの「起業のタネ」が現時点ではニーズが顕在化していない場合もあります。

　例えば、前章でがんライフアドバイザー協会の代表理事として、医療現場でがん患者さんのお金や仕事の相談を受けている女性を紹介しました。

　彼女が「がん患者さんの力になりたい」と動き出したとき、すでに医療現場にそのようなニーズがあったかというと、そうではありません。「がん患者さんの社会的苦痛を軽減することも治療の一環」との信念を持って、彼女は市民病院や大学病院などいくつもの病院に足を運びましたが、ほとんどが門前払い。ファイナンシャルプランナーと名乗った時点で、「保険でも売りに来た」と誤解され、まともに取り合ってもらえなかったそうです。

　諦めずに病院を訪問している内に、ある大学病院で話を聞いてもらうことができ、月に一度「がん患者さんのお金の相談室」を開設してもらえるようになりました。

　今でこそ、厚生労働省の事業として、病院にがん患者さんの就労相談を行う専門家が派遣されるようになりましたが、当時はまだ、病院でお金の相談

をするニーズはありませんでした。

このようにあなたが考えた起業のタネが時代を先取りしている場合もあります。

「このサービスは人のためになる」「これができたら世の中きっと良くなる」と信念を持って動き出せば、ニーズをつくり、その分野の第一人者になることもできるのです。

●彼女が占い師になったワケ

現在、禅タロット占い師として活躍している、元保育士の女性がいます。

保育の現場で感じていたことは、母親がプレッシャーや罪悪感に苛まれて、そのストレスが子どもへと向かっているということでした。退職後に「お母さんの気持ちをラクにしてあげたい」とカウンセリングの資格をとり、子育て広場などに出向き、ボランティアでカウンセリングを行ったそうです。

しかし、「カウンセリング」というと敷居が高くなるためか、相談しにくい人はいなかったといいます。そこで「タロット占い」とツールを変えたところ、多くの方が来てくれるようになりました。占う内容は子育てのことや家族関係のこと。きっかけは占いですが、やっていることはカウンセリングだったそうです。

このように、顧客自身がニーズに気づいていない場合もあります。

「子どもにイライラして怒ってしまう」その原因は子どもの行動ではなく、自分自身の中にあり、カウンセリングにより軽減されるということに気づいてもらうことが必要でした。そのために彼女が工夫したことは、

・見込み客がいそうな「子育て広場」に出向き

・タロット占いでニーズを顕在化させ

・カウンセリングのスキルで問題を解決し、信頼を得た

こうして本来やりたかった「子育て中の母親の気持ちを軽くしたい」を仕事にできるようになりました。

このように、市場にニーズがあっても、ニーズを持つ人と出会えるかはまた別の問題です。ニーズのある人が向こうから歩いて寄ってきてくれるわけではありません。

ニーズを持つ人に出会い、「あなたにお願したい」と思ってもらわなければ、いつまで経っても「起業のタネ」は「タネ」のままです。
「タネ」を「発芽」させるには、見込み客にどうやって認知してもらうか、ニーズを満たせる「能力」があることを知ってもらうかという工夫と行動が必要になります。

「やりたいこと」「できること」「求められること」の3つの中でどれが重要か、優先順位をつけるとしたら、最も重要なものはどれだと思いますか。
　人によって色々な意見がありますが、私の周りで活躍しているしなやか起業家さんを見ていると、最も優先されるべきは「やりたいこと」だと思います。
「こんなことがしたい」と熱く語ったり、出会いを求めて出かけたり、行動することで道が開けます。「やりたい」という想いが行動を起こし、あふれる情熱が人を動かします。
　あなたが心から「こんな人を助けたい」「こんなときに役に立ちたい」「こんなものをつくりたい」と思う「起業アイデア」が見つかれば、半分成功したようなものです。
　タネをまいて水をやるように、情熱を注げばきっと花が咲きます。
　そうやって「満足の花」を咲かせているしなやか起業家を、私は何人も見てきました。

　さあ、あなたの起業アイデアを探してみましょう。
　ニーズは外にありますので、外に目を向ける必要があります。
　①人に相談する　　②ネットで検索する　　③ニーズをつくる
　まずは、①②で情報を集めてみましょう。

図2-9

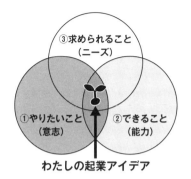

わたしの起業アイデア

....
2－4　ＳＴＥＰ２　環境を分析する
....

「やりたいこと」「できること」そして「求められること」が重なり合う「起業アイデア」は見つかりましたか。では、その起業アイデアを育てる環境を見ておきましょう。

　植物も土壌や日当たりといった環境の違いで、育て方が異なります。

　事業も同じです。アイデアを実現するために今ある環境を分析して、どのような方法が選択できるかを検討します。

図2-10　想いをカタチにする５ステップ

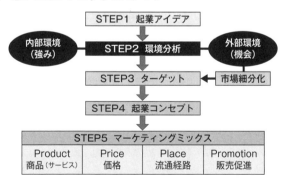

事業環境には「内部の環境」と「外部の環境」があります。

内部環境はあなたが持っている資源で、ヒト、モノ、カネ、情報（ノウハ

ウ）などがあります。これらの資源の中で、事業を行うのに役立ちそうな資源を「強み」といいます。

逆に不足する資源や、事業を行うことで制約となる資源を「弱み」といいます。

外部環境はあなたの外にある環境で、マクロ環境、市場環境、競争環境に分かれます。

・マクロ環境：人口、経済、生態、法律、政治、文化性など社会的な環境
・市場環境：顧客や仕入先、仲介者など直接働きかけることができる環境
・競争環境：競合する他者

これらの環境の中で、事業を行うのに都合の良いことを「機会」といい、都合の悪いことを「脅威」といいます。

図2-11 ＜ＳＷＯＴ分析＞

このように事業環境を分析することを「強み（Strong）」「弱み（Weak）」「機会（Opportunity）」「脅威（Threat）」の頭文字からＳＷＯＴ分析といいます。

では、まず内部環境の分析について、「マタニティフォト」のフォトグラファーとして起業した女性を例に紹介します。

彼女がフォトグラファーとして起業を考えたのは、自身がマタニティフォトを撮ってもらったことからでした。子育てをする中でストレスを感じたとき、その写真に何度も救われたそうです。そんな自身の体験から「子育てのお守りになるマタニティフォトを多くのママに届けたい」との想いで起業す

ることを考えました。

彼女の内部環境を分析すると次のようになりました。

図2-12 ＜内部環境の分析＞

	強み	弱み
①ヒト	・私自身が女性、出産経験あり ・同年代の友人、ママ友	・子ども1歳
②モノ	・カメラ、パソコン、 　プリンター　・車	・スタジオがない ・レフ版、照明など機材がない
③カネ	・少額の資金で開業可能	・過大な広告料は払えない
④情報・ノウハウ	・フォトスタジオにて 　ブライダルの撮影経験あり	・営業ルートがない

①ヒト分析

マタニティフォトを撮るにあたり、自身が女性であること、出産経験があることは強みになります。また、同年代の友達は顧客になる可能性もあり、口コミで紹介してくれる可能性もあります。当時1歳のお子さんは働く上で時間的制約を受けるという意味で弱みとしました。

②モノ分析

カメラやパソコンなど機材があることは強みですが、スタジオはありません。

スタジオがない弱みから、「出張撮影」というスタイルを選択します。

出張撮影を行う場合、車を保有し運転できることは強みになります。

③カネ分析

レフ版や照明などは初期投資が必要です。借入をするほど大金は必要としませんが、夫に相談する必要があります。

④情報・ノウハウ分析

フォトスタジオでブライダルの撮影に関わった経験は強みです。特に女性を美しく撮ることには自信がありました。ネックとなるのは営業ルートがないことです。過大な広告費もかけられませんので、営業面に弱みが残ります。

続いて、外部環境を分析してみました。

図 2-13　＜外部環境の分析＞

	機会	脅威
⑤**マクロ環境**	・インターネットの普及 ・ＳＮＳの活用	・少子化、出産回数減 ・若年層の収入減少
⑥**市場環境**	・記念に残したいニーズ増大 ・産婦人科の差別化競争の激化	
⑦**競争環境**	・地元にマタニティフォト専門 　スタジオはない	・近隣のフォトスタジオ

⑤**マクロ環境分析**

　少子化で女性の出産回数が減少していることや、若いカップルの世帯収入が減少していることは脅威です。

　一方、ＳＮＳの普及により写真を投稿したり、シェアされたり、お金をかけずに発信できる環境があることは機会と捉えられます。

⑥**市場環境分析**

　女性の出産回数が減少したことは脅威ではありますが、その分、出産に対する思い入れが強くなり、貴重なマタニティの時期を美しく残したいというニーズは大きくなっていると考えられます。また、産婦人科の競争の激化も、独自サービスとしてマタニティフォトを取り入れてもらえるチャンスと捉えることができます。

⑦**競争環境分析**

　近隣には多くのフォトスタジオがありますが、マタニティフォトを専門にしたフォトスタジオはありません。

　以上のように、ＳＷＯＴ分析をした結果、スタジオがないという弱みは「出張サービス」で解決することにしました。

　もう一つ弱みとなっていた営業ルートについては、ＳＮＳで発信をすることと合わせて、産婦人科とコラボする案が浮かんできました。

　そして、「ママが撮る」という自身の強みから、『ママトリマス』という屋

号が浮かんできました。

　このように環境分析を行うことで、起業アイデアをカタチにするための現実的な方法を考えることができます。

　では、次はあなたの番です。

　あなたの起業アイデアを実現するための環境分析をしてみましょう。「これがない」「これもできない」と弱みに目がいきそうになるかもしれませんが、できるだけ「強み」に着目するよう心がけてください。

　また、一見弱みや脅威に思えることも見方によっては強みや機会になります。

　先ほどのマタニティフォトの例でも、「少子化」は脅威でしたが一方で「1回の出産に対する思い入れは強くなっている」という機会に捉えることができました。「スタジオがない」ことも出張することで、妊婦さんが自宅で緊張せずに、ご家族も一緒に撮影できるというメリットが生まれました。

　このワークも一人より複数の方でシェアしながら行うのがおススメです。同じ事実でも捉え方によって強みとなるか弱みとなるか見え方が違ってきます。他の方の意見から、考えもしなかった強みに気づかせてもらえたり、知らなかった機会を教えてもらえたり、視野が広がることでしょう。

　では、あなたの起業アイデアについてＳＷＯＴ分析をやってみましょう。

　ワークシートは巻末のQRコードからダウンロードすることができます。

２－５　ＳＴＥＰ３　ターゲットを設定する

　事業環境を分析したら、次は対象となる顧客「ターゲット」を明確にする必要があります。

図2-14 想いをカタチにする5ステップ

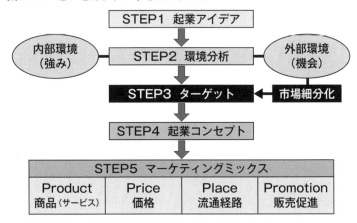

例えば「起業に興味がある人」といっても、「子育てしながら自分らしく働きたい」という人と、早期退職して家族を養うために起業するという人では、関心事も違えば必要な情報も異なります。

前者には「いくら稼ぐと扶養をはずれるのか」という情報は気になるところですが、後者には必要ありません。

お金を借り入れる人は、事業計画書を書く必要がありますが、そうでない人は事業計画書という形式にとらわれる必要はありません。

このように「起業に興味がある人」という市場も一括りに考えると的外れな商品・サービスを提供することになってしまいます。

そこで、市場を細かく分類して対象とする顧客を選定することを「市場細分化」といいます。

例えば、先ほどのマタニティフォトの場合は、「妊婦」という市場の中から、まず自宅から車で30分圏内にある産院に健診で訪れる妊婦に絞ることにしました。

さらに産婦人科医院についても、ホテルスタイルの個室など差別化に力を入れている産院に的を絞りました。産院選びにこだわりがある方は、出産に対する思い入れもより強く、経済的な余裕もあると考えたからです。

図 2-15

　漠然と「妊婦さん」とターゲットを設定しても、どこにアプローチすれば良いかわかりません。しかし、このようにターゲットを絞ることで、県内の産婦人科を調べ、チラシの設置のお願いやコラボイベントの企画提案を行うという行動に移すことができます。

●誰が来てもいい講座には誰も来ない

　ターゲットを設定するポイントは「絞る」ということです。
「できるだけ多くの人に来てもらいたい」という思いから、つい広く設定しがちですが、実は逆なのです。

　私が最初に主催したセミナーは、生協の組合員活動で仲間と開催した学習会でした。「賢く選ぼう医療保険」と題した学習会は「組合員の皆さんに来て欲しい」との思いでターゲットを絞らずに企画しました。2万人弱の組合員にチラシが配布されましたが、ふたを開けてみると、参加者はたったの1人。参加者1人に講師5人が入れ代わり立ち代わり話をするという贅沢な学習会になりました。
「折角、良い資料をつくっても、来てもらえないことには始まらない」と、それからチラシの作り方や、講座の企画について学び始めたところ、ある本に「誰が来ても良い講座には、誰も来ない」と書いてありました。

　それからは、徹底的にターゲットを絞るよう心がけました。
　例えば「資産運用」をテーマにしたセミナーでは、次のようにターゲットを絞りました。
　・30代〜40代の子育て世代

・投資経験はほとんどない（個人向け国債を購入したことがある程度）

・まとまった余裕資金はつくれない

・老後資金の不安から運用の必要性は感じている

・資産運用に苦手意識があり、一歩が踏み出せない

　すると、大きな会議室いっぱいに参加者を集めることができました。

　ターゲットを明確にしたことで、告知文からも「投資未経験者でもわかる内容」「自分と同じ投資経験のない人が集まる」と伝わり、対象となる方が安心して参加できたのだと思います。

　一方で、ターゲットにしていなかった60代以上の投資経験が豊富な方も参加されていました。投資経験があっても基本的な知識がないという方も少なくありません。ターゲットを絞り込んだからといって、それ以外の人が来ないというわけではありませんでした。

●ペルソナを描く

　さて、次の文章を読んで、どんな方か想像してみてください。

「定年まであと10年ほど。子どもの学費も大変だけれど、そろそろ本気で老後の生活を考える時期が来た。これまで特にお金に困ることもなく無頓着できたけれど、果たしてこの調子で老後を迎えて大丈夫なのだろうか。そもそも今の家計すら把握できていない。iDeCoって？NISAって？貯金では増えないのはわかっているけれど、投資は損をしそうで怖い。税金は会社任せ、保険は言われるがまま、このままで良いのかと思うと不安」という女性。

　これは、私が主催している『家庭のＦＰ®養成講座』という連続講座のターゲットです（FP：ファイナンシャルプランナーの略）。

　4年前、大学時代の友人に「お金のこと一通りわかる講座ない？」と相談されたことがきっかけで生まれた連続講座です。そのとき、彼女の口から出た言葉でターゲットを設定し、徹底的に彼女のニーズを聞き出し、講座のコンテンツと提供方法を考えました。

・家計は把握したいけれど、家計簿はつけたくない

・働いているから月1回くらいのペースで通いたい

・学んでも家に帰ったらやらないから、必要なことはその場で見直したい

・老後までにいくら貯めたら良いのか、一般論じゃなくてわが家のことを

知りたい

・保険も金融商品も「言われるがまま」を卒業したい　etc

　生協で活動していたとき、2万世帯にチラシが配布されても、参加費500円の学習会に人を集めるのに苦労していました。またマネーセミナーといえば、金融機関などが無料で開催するものも多くあります。

　そんな中で「相応の対価を払って、しかも10回連続なんて来てもらえるのだろうか」と、半信半疑でしたが、予想を超える応募をいただき、2クラス開講の予定がもう1クラス追加で開催することになりました。

「ペルソナ（典型的なユーザー像）をイメージしましょう」といいますが、一人で想像するよりも、リアルな声に耳を傾けることの大切さを実感しました。

　では、あなたのターゲットを考えてみましょう。

「誰が来ても良い講座には、誰も来ない」そう言い聞かせて、怖がらずにターゲットを絞り込んでください。

　そして、ペルソナとなりそうな人がいれば、是非、その人の話を聞いてみましょう。

　ワークシートは巻末のQRコードからダウンロードすることができます。

2-6　STEP4　コンセプトの明確化

　あなたが役に立ちたい「ターゲット」は設定できましたか。

　次はターゲットに対して「どのような価値を、どのように提供するか」という「起業コンセプト」を考えます。

「起業コンセプト」とは事業の軸となる考え方で、これを明確にすることで、事業に一貫性が生まれます。また、あなたの仕事の価値を短い言葉で伝えることができます。

図2-16 想いをカタチにする5ステップ

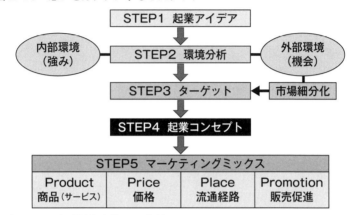

次の2つの自己紹介を読んでください。

A）私は、ファイナンシャルプランナーです。

B）私は、「お金について自分で判断できる安心」を届けるファイナンシャル・プランナーです。

Aのほうはどんな印象を持ちましたか。

過去に保険を勧められた経験がある人は「保険屋さん」と思ったかもしれません。雑誌の家計診断コーナーをご覧になっている人は「家計簿を見てアドバイスする人」と思ったかもしれませんね。

では、Bはいかがでしたか。

少なくとも「保険を売られそう」とは感じなかったと思います。

Bは私の起業コンセプトを交えた自己紹介です。

私は保険や金融商品の販売は一切していません。

「野菜を選ぶように自分に適したものを選択できるようになってもらいたい」との想いで金融商品のしくみや確認すべきポイントを伝えています。

また、家計相談では「食費を節約しましょう」とか「レジャー費を減らしてください」というようなアドバイスはしません。

暮らしの主人公は相談者です。相談者が自分の価値観に基づいて、適切な判断を下せるように、専門的な立場から必要な情報を提供するのが私の役割

と心得ています。

　同じファイナンシャルプランナーでも、どのようなコンセプトを持つかで、提供するサービスも、その方法も、そして顧客が得る恩恵も違ってきます。「どんな商品やサービスにするか」と、仕事のやり方を考える前に「起業コンセプト」を考えることが大切です。

　難しく感じるかもしれませんが、これまでのワークの延長線上として、次の手順であなたの起業コンセプトを考えてください。

　①誰に、②どんな価値を提供するために、③私にできることを、④私らしく提供して、⑤起業の目的を達成します。

図 2-17

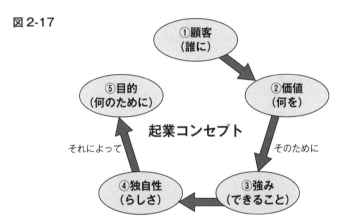

①顧客（誰に）

　あなたが役に立ちたい人はどんな人ですか？

　先ほど考えたターゲットを短い言葉で表現してみましょう。

（例）家庭のＦＰ®養成講座

・お金の知識がなくて将来に不安がある50代の女性

②価値（何を）

　お客様が感じる価値を考えてください。あなたの商品やサービスを利用することでお客様がどう変化できるか、ビフォー＆アフターのアフターと言い換えても良いでしょう。悩みや不満が解消したり、感動や喜びを味わったり、お客様が受け取る恩恵を考えてください。

（例）家庭のＦＰ®養成講座

・お金の知識と判断力が向上し、漠然とした不安が解消される

・家計が変わり、金融行動が変わり、家族の未来が変わる

③強み（できること）

お客様に価値を提供するために、あなたができることを考えてください。これは内部環境の「強み」から考えられると思います。

（例）家庭のＦＰ®養成講座

・相談実務に基づくお金の知識と個別サポート

・わかりやすい教材、家計の把握と見直しツールの提供

④独自性（らしさ）

あなたらしさを、どのように提供するか考えます。「大切にしたいこと」「こだわり」と言い換えても構いません。独自性はお客様があなたを選ぶ理由にもなります。

（例）家庭のＦＰ®養成講座

・金融商品の販売を目的としない中立性

・女性目線のわかりやすさと親しみやすさ

⑤目的（何のために）

それによって、達成されるあなたの目的、言い換えるとあなたが起業する理由ともいえます。あなたの商品・サービスを利用して変化したお客様が増えると、どんな社会が実現できるか、あなたは事業を通じてどんな社会貢献ができるか、そんな視点で考えてみてください。

（例）家庭のＦＰ®養成講座

・家庭のＦＰが周囲の相談役となり、お金の知識が普及する

・生活者の知る権利が保障され、公正な社会が実現する

例にあげた家庭のＦＰ®養成講座のコンセプトを一言でいうと、「自分で考え判断できる安心を届ける講座」となります。その背景には一言ではいえない想いが詰まっています。

図2-18

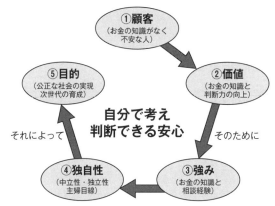

①顧客
（お金の知識がなく
不安な人）

②価値
（お金の知識と
判断力の向上）

⑤目的
（公正な社会の実現
次世代の育成）

自分で考え
判断できる安心

それによって

そのために

④独自性
（中立性・独立性
主婦目線）

③強み
（お金の知識と
相談経験）

　このようにコンセプトをつくる際に、じっくり想いを言語化しておくと、ＨＰやチラシ、またＳＮＳで何かを発信する際にも伝えたいメッセージが明確になります。

　大切なことは、起業コンセプトは誰かのマネや他人のアドバイスではなく、自分の中から湧き上がる考えであることです。

　立派な文章をつくる必要もありません。心の奥底から素直に出てくる、借り物ではないあなたの言葉で、表現してください。

　起業コンセプトは「起業の幹」のようなものです。枝葉となる具体策を考えるときのよりどころ、やること、やらないことの判断基準となります。

　幹がどれだけ太くて立派でも、その幹に根っこがなければ、ちょっとしたことで倒れてしまいます。しっかりと大地の奥深くに根を張れば、幹は強くなり、枝葉も大きく成長していくことでしょう。

　そして「根」を張る作業が「自分を知る」ワークです。深く知れば知るほど、深く根を張ることができます。

　起業コンセプトをつくるときにも、自分を知るワークを振り返りながら、「なぜ、やりたいと思ったのか」「どんな人の役に

図2-19

起業コンセプト

自分を知る

たちたいのか」「その人にどうなってもらいたいのか」と考えてみてください。

あなたの想いをのせた起業コンセプトをつくってみましょう。

ワークシートは巻末のQRコードからダウンロードすることができます。

2-7 STEP5 マーケティングミックスを構築する

あなたの想いをのせた起業コンセプトはできましたか。

起業コンセプトが明確になったら、そのコンセプトを具現化するために、商品、価格、流通経路、販売促進の方法を決定していきます。

起業コンセプトに基づいてこれらを適切に組み合わせることを、「マーケティングミックス」といいます。

図2-20　想いをカタチにする5ステップ

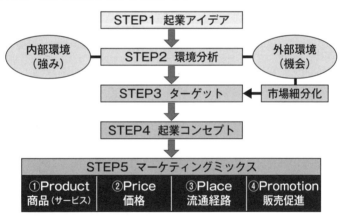

次の4つの構成を具体的に考えていきましょう。

①商品・サービス（Product）：提供する商品・サービスをどうするか

②価格（Price）：商品・サービスをいくらで販売するか

③流通経路（Place）：商品・サービスをどのような経路で顧客に届けるか

④販売促進（Promotion）：商品・サービスをどのような広告や販売促進で訴求するか

　このときのポイントはターゲットの気持ちになって考えることです。

①どんな商品を欲しがっているか

②その価値に対して気持ちよく払える金額はいくらか

③商品・サービスの提供を受けやすい場（時）はどこか

④どんな媒体を利用しているか、何に訴求されるか

　下の写真は、以前、男女共同参画センター主催の起業塾で講師を務めたとき、参加者が作成した起業プランマップです。

「自宅前の空きスペースを活用して親子ヨガ教室を開きたい」と起業塾に参加されました。

図2-21

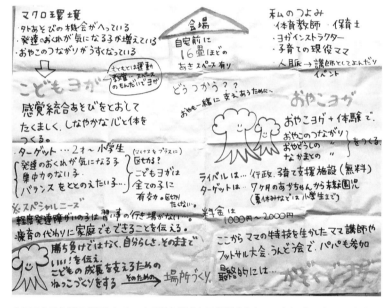

大阪市立男女共同参画センター東部館主催「キラリ輝く未来のワタシプロジェクト」参加者作　起業プランマップ

　彼女がヨガと出会ったのは、上のお子さんが4歳の頃。出産後、2人のお子さんを育てながら、体操教室のインストラクターとして働いていましたが、

上のお子さんに自閉症のパニック症状が出始めたため、仕事を辞めたそうです。その頃、趣味だったヨガを、家族皆で楽しめたらと思い、「親子でできるヨガ」を学び始めました。

お子さんとヨガを楽しむことで、親子のコミュニケーションの質が向上し、お子さんのパニック症状も落ち着いてきたことから、親子ヨガが子どもの発達や親子関係に及ぼす効果を実感したといいます。

起業を考えたのは、働きに出にくいという事情と、自宅前に空きスペースがあったことがきっかけでした。自分を振り返るワークから、ステップに沿って起業コンセプトを考えると、自分の想いが明確になったといいます。

体操教室に来ていた親子の様子を見ていると、親の視線はケータイに向いていたり、親が子どもと一緒になって遊ぶことができなかったり、親子のつながりが薄くなっているのではないか、と懸念を抱いていたことを思い出しました。「子どもともっと関わろう、子どもともっと触れ合おう、子どもともっと楽しもう」そんな想いから、親子で一緒にできる「親子ヨガ」を広めたいと思ったのでした。そして「子どもともっと」というコンセプトが生まれました。

図 2-22

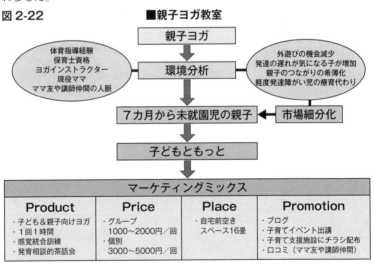

そんなコンセプトを実現するために、彼女が考えたマーケティングミック

スは次のような内容でした。

①商品・サービス

・子どもが楽しめて、親子で目を合わせ、手をつなぎ、一緒に楽しめる
運動遊びとヨガ

・1回1時間

・必要な方には感覚統合訓練や発育相談などのサービスも提供できる

②価格

・親子ヨガ教室　1回1時間のグループレッスンは1,000円～2,000円

・個別の統合訓練や親子ヨガ　1回1時間　3,000円～5,000円

③場所

・自宅前の空きスペース（16畳）

④プロモーション

・ブログで親子ヨガの良さを発信

・子育てイベントなどで親子ヨガを体験してもらう

・子育て支援施設にチラシを配布する　など

　のちに、屋号を「コトモット」とし、ホームページやフェイスブックページを開設しました。彼女の想いをのせた「こどもともっと」という起業コンセプトがそのまま屋号になり、あのとき起業プラン・マップに描いたイラストがロゴマークとなっていました。

図 2-23

では、あなたも起業コンセプトを実現するためのマーケティングミックスを考えましょう。

　先々のことではなく、今から始められそうなことをまず考えてみましょう。そのためには、内部環境や外部環境とも相談し、ヒアリングした顧客ニーズを満たすために、できること、やったら良さそうなことを検討していきましょう。

　ワークシートは巻末のQRコードからダウンロードすることができます。

2－8　起業プランを実行する

　5つのステップを踏んで、あなたの起業プランは描けましたか。

　では、ここからが本番です。これで終わってしまっては絵に描いた餅ですから。

　まずは何から始めますか。

・ＳＮＳでやりたいことを発信する
・イベントに出店してみる
・チラシをつくって営業活動をしてみる
・商品の試作づくりをしながら、友達に意見を聞いてみる
・実績づくりのためにモニターとして無料または安価で提供してみる

　とにかく、一歩前へ踏み出してみましょう。

　実際に動いてみることで、お客様の反応から改良すべき点がわかったり、別のニーズがあることがわかったり、経験に基づく貴重な学びが得られます。

　小さなことからで構いません。描いた夢に半歩でも近づけは、立派な成長です。

　そして、動き始めると、当然ながら、計画した通りにことが運ぶとは限りません。

「設定したターゲット以外お客様にしない」「この商品しかつくらない」ということではなく、計画は状況に合わせて修正していきましょう。

●引っ張りだこ人気講師に

　先に紹介した親子ヨガの「コトモット」さんも、自宅前の空きスペースを活用する目的で起業しましたが、動き始めてみると子育てイベントに呼ばれ

たり、自治体の子育て支援講座を担当したり、出張することが多くなり、自分で主催する余裕がない状態になりました。最近では保育士さん向けの研修の仕事も増えていて、当時は想像もできなかったような仕事に自己の成長を感じながら、取り組まれています。

●マタニティより授乳がヒット

　先ほどのマタニティフォトの「ママトリマス」さんも、実際に産婦人科を訪問してみると、実績がないことには相手にしてもらえないことがわかりました。そこで「まずは実績づくり」と切り換え、身近な方にお願いし、授乳しているママと赤ちゃんの写真を撮りＳＮＳにアップしました。それがメディアに取り上げられ、メールの返信が追いつかないほど予約が殺到したそうで、「マタニティフォト」より先に「授乳フォト」が仕事になりました。

　そして、数年後には「新生児フォト」を専門にする「ルル・ベイビー」というブランドも立ち上げ、念願のスタジオも開設しました。「新生児フォト」は生後2週間以内の赤ちゃんを撮影するため、特別な知識とスキルが必要です。常に進化し続け、自己の可能性を開花させていく彼女を見ていると「自己実現」とはこういう状態をいうのだろうと思います。

図2-24　授乳フォト

撮影：ママトリマス 石川ひろこ

図2-25　新生児フォト

撮影：ルル・ベイビー 石川ひろこ

紹介した2人のしなやか起業家に学ぶべきところは「やってみる」ということです。考えているだけでは現実は変わりません。そして正直、やってみないとわかりません。

　大切なことは「動きながら考える」ことです。

　どんな一歩でも足を止めずにいたら、前に進むことができますよね。

「犬も歩けば棒にあたる」

　行動することでチャンスにも出会えます。

●ターゲットを読み違えた結果

　また、ターゲットに合わせて提供する商品を変えた女性もいます。

　彼女は住宅地にある保育園の側にカフェをオープンしました。

　立地環境から「ハイセンスなママが来てくれるだろう」と考え、こだわりのコーヒーやケーキなどクオリティ重視のメニューにし、ナチュラルな雑貨も置いて、オシャレな店づくりにしました。ところが実際に来てくださったのは住宅街に住む高齢女性。しだいにオシャレな雑貨は日用品や下着に変わり、メニューも質より価格重視。カフェというより「憩いの場」のような雰囲気になりました。

　あるとき、友人と待ち合わせをするお客様が「今千里山のリサイクルショップにいるから」と携帯電話でおっしゃったのを聞いて、苦笑いしたこともあったとか。

　当初の思惑とは違いましたが、お店は繁盛し、別の仕事に転身するまでの10年間、お客様に可愛がっていただいたといいます。

　ターゲットが変わればコンセプトも変わります。コンセプトが変われば、マーケティングミックスも当然変更する必要があります。

　動きながら考えて、しなやかに起業プランも修正していきましょう。

●コロナにも負けない経営の秘訣

　2020年4月、コロナウィルスの感染拡大により外出自粛が続く中、美容室を経営する方から「店の経営について相談したい」と連絡を受け、オンラインで相談を受けました。

　美容室を一人で切り盛りしながら、2人のお子さんを女手一つで育ててい

る女性。

　休業支援金や融資の相談かと思ったら、そうではありませんでした。

　客足は変わらず、朝8時から予約が入り、ほぼ毎日20時まで施術。その後帳簿をつけたり、顧客カルテを作成したり。休日には毎月郵送している200通以上のニュースレターづくりに追われているといいます。

　独立して14年、「そろそろ業務も暮らしも整えたい」とお店のお金の管理の効率化と老後を見据えた生活設計の相談でした。

　そんな彼女に、客足が途絶えない経営の秘訣を尋ねたところ、「忘れられない人間になること」だと話してくれました。

　毎日つけている顧客カルテもその一つ。どんな施術をしたかといったことだけでなく、お客様がどんな話をしておられたか、カルテに書き込んでいるそうです。

　施術中「娘と喧嘩して……」とおっしゃっていたお客様には、次回のときに「もう娘さんとは仲直りされましたか？」と声をかけたり、誰かのファンと聞けば次回までにその芸能人のインスタを見て「彼ってネコ好きですね」と話しかけてみたり。

「忘れられない人になる」秘訣は、「私のこと覚えてくれている」と思っていただけるよう「忘れない人になること」だと教えてくれました。

　毎月郵送しているニュースレターはセールスレターにならないように、お客様のためになる情報を発信。さらに、お客様一人ひとりに前回話したことを思い出し、ちょっとした一言を添えているそうです。

　新しいお客様との出会いは、既存客からの紹介のみ。といっても、紹介を促すような働きかけはしません。ただただ目の前のお客様を「誰より綺麗にする」と全神経を集中するのだそうです。

　すると、ご友人に「髪綺麗やね、どこでやってもらっているの？」と尋ねられたお客様がご友人を紹介してくださるとのこと。

　リピーター率100％といっても過言ではありませんが、中には転勤などで遠方にいく人もいます。そんな連絡が入ると、転居先付近の美容室を調べて、カラー剤などを確認した上で、2〜3店をお勧めするそうです。

　インターネットの時代ですが、ネットで発信することも、クーポンのついたチラシなどを配ることもなく、独立して14年、こうしてお客様との信頼関

係を築き上げてきました。

「人の役に立つ」ことを真剣に考えて、懸命にやり続ければ、きっとあなたの木にもお客様の「満足の花」が咲き、「感謝の実」が成ることでしょう。

図2-26

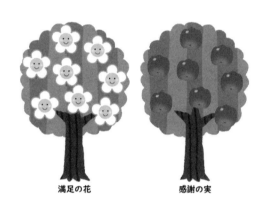

満足の花　　　　　　　　　感謝の実

2－9　ライフプランを描こう

あなたの起業プランが描けたら、少し先の未来を想像してみましょう。

これからの10年、あなたはどのように過ごしていきたいですか。

今はまだお子さんが小さいかもしれませんが、10年も経つとすっかり手が離れているかもしれません。

今は毎日会社に行っていますが、10年後は24時間自由に時間を使えるようになっているかもしれません。

まず、10年後の理想のあなたの姿をイメージして、逆算してこれからの10年を考えてみましょう。

ライフプランの表に10年後までの、家族の年齢と、その年に起こりそうなライフイベント（主な行事）を記入して、今後10年間でやってみたいこと、理想の自分を書いてみましょう。このときのポイントは「遠慮しない」ことです。できるか否かそんなことはさておいて、イメージを膨らませてワクワクしながら理想のライフプランを描いてください。

①仕事・社会活動

起業してどんなことをしてみたいですか。地域の活動やボランティアなど、仕事以外のことでも構いません。あなたがやり甲斐や楽しみを感じられる社会的活動を考えてみてください。

②学び

今後、学んでみたい知識や習得したいスキル、これまで興味があったけれど学んでこなかったことはありませんか。「大学院に行きたい」「留学したい」でも結構です。

難しいかどうかなんて考えず、興味あることを書いてみましょう。

③楽しみ

趣味や娯楽、あなたが楽しめること、行ってみたいところはありますか。

お金のことや年齢のことなど制約を外して、自由に考えてください。

④交友関係

友達や出会いたい人など、どんな交友関係を持ちたいですか。

海外の有名人でも構いません。「思いは招く」といいます。どんなチャンスが巡ってくるかわかりません。

⑤家庭

家族でやりたいこと、家族との過ごし方、家庭生活での目標など書いてください。

外で十分に力を発揮するためにもプライベートを充実させることは大切です。家庭と仕事のバランスをうまくとっていきましょう。

⑥健康

健康管理や体力維持、美容について、取り組みたいことはありますか。

仕事も体が資本です。病気の予防や心身をリラックスさせることも大切な仕事です。

図 2-27　しなやか起業とライフプラン

	年後	0	1	2	3	4	5	6	7	8	9	10
年齢	夫											
	妻											
ライフイベント	夫											
	妻											
	夫婦											
理想のあなたの計画	仕事・社会活動											
	学び											
	楽しみ											
	交友関係											
	家庭											
	健康											

　10年後の理想のあなたの姿は、どんな働き方や暮らし方をして、どのような役割を果たし、どのような人と交流しているでしょうか。

　その理想の未来に向けて、今できることを始めてみましょう。今の延長線上の未来も悪くないかもしれませんが、ちょっと角度をつけることでもっと素敵な未来が待っているかもしれません。

図 2-28　人生の角度づけ

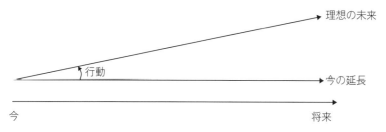

そして人生の角度づけに必要なことは、少しの勇気と行動です。

もし、「失敗したらどうしよう？」と一歩踏み出せないときは、「失敗は成功の元」と考えてみてください。

たとえ、思い通りの結果にならなくても、その経験は学びになります。プラスもマイナスも経験したことは全てあなたの財産です。

●若気の至りは貴重な経験

ここだけの話ですが、就職して間もない頃、私は信頼できる知人の勧めでいわれるがままある会社の株を購入しました。数年後その会社は倒産し、その株券はまさに紙くずになってしまいました。

このとき学んだことは、

・自分で理解ができないことに手を出してはならない

・個別銘柄の株式投資をするには知識とマメさが必要

・私は値動きに一喜一憂しないので、気長な投資には向いている

当時のお給料の2倍近くを失ったわけですが、「もしこれが退職金など老後のまとまった資金だったとしたら」と思うと、若いうちに経験できて良かったと思います。

この痛い経験もお金について学ぶ動機の一つになりました。そして、ファイナンシャルプランナーとなった今は「おいしいネタ」にもなっています。

このとき救いだったのは、自己資金で投資していたことです。

借金してまで投資していたら、マイナスが生じますが、自己資金なのでゼロになっただけでした。

あなたが一歩踏み出して結果が得られなかったとしても、ゼロに戻るだけではないでしょうか。動かなくてもゼロ、動いたらゼロかプラス、そんな風に気楽に考えてやってみましょう。本当の「失敗」は行動しなかったことかもしれません。

「人は、したことよりしなかったことに、より大きな後悔を感じる」といいます。

● 50の手習いでフジコ・ヘミングを感動させる

「ラ・カンパネラ」というピアノ曲はご存知でしょうか。

「ピアノの魔術師」と呼ばれるリストが作曲した曲で、プロのピアニストでも難しいといわれる超難曲だそうです。

この曲を50歳すぎて楽譜も読めない状態から、独学で弾けるようになった男性がいます。彼は海苔漁師で、高校卒業後、家業を継いで海苔の養殖をしていました。

そんな彼がテレビでフジコ・ヘミングさんの演奏を聴き、感銘を受けて、「弾けるようになりたい」と思ったそうです。

周囲からは「絶対、無理」と言われましたが、自宅のピアノを毎日弾き続け、見事弾けるように。そして59歳のときに憧れのフジコ・ヘミングさんの前で「ラ・カンパネラ」を演奏するという夢のようなチャンスが訪れました。

ユーチューブでこの動画を拝見したとき、ピアノ教室を主宰している友人の言葉を思い出しました。

「憧れを抱けることが才能」

「子どもが好きで音楽が好き、だからピアノの先生をやっている」という彼女は、日々子どもたちに触れあう中での気づきをブログで発信しています。その中に「憧れを抱けることが才能」という言葉がありました。

「音楽は楽しむもの」とはいえ、ピアノが弾けるようになるには、楽しくはない練習がつきものです。この練習を投げ出さずに続けた人だけが、弾ける楽しさを味わえます。

「『この曲が弾きたい』『ピアノが上手になりたい』そんな憧れを持って習い

に来てくれた子はその時点で上達が約束されている」と彼女はいいます。

「できたらいいなあ」「なりたいな」とあなたの中に憧れるものがあるとしたら、それはまさに才能です。

　あなたの才能と可能性を信じてください。

　たとえあなたが何歳であっても、あなたは可能性のかたまりです。

　そして「今が一番若い」はまぎれもない事実です。

「スキ職診断」集計シート

P17の回答を〇＝2点、△＝1点、×＝0点として、空欄に点数を書き入れ、合計してください。

質問NO	子どもの頃				現在			
1								
2								
3								
4								
5								
6								
7								
8								
9								
10								
11								
12								
13								
14								
15								
16								
17								
18								
19								
20								
21								
22								
23								
24								
	↓	↓	↓	↓	↓	↓	↓	↓
	教え系	癒す系	作る系	ワザ系	教え系	癒す系	作る系	ワザ系
合計点								

第3章

【起業の準備Q＆A】
開業に必要な
手続きや準備はどうする?

Q1. 開業届を出さないと怒られるの？

A1. 開業届は「事業を開始してから1カ月以内に提出する」と定められていますが、罰則規定がありません。1カ月を過ぎて提出してもとがめられることはありませんので、気づいたら早めに提出しましょう。

(1)開業届を出していない場合

「開業届」とは個人が事業を開始したことを税務署に知らせる書類で、所得税法に「事業の開始等の事実があった日から1月以内に提出すること」と定められています。

しかし、趣味や特技が高じて仕事になった主婦起業家や副業起業家の中には、開業届を出していない人も多く見受けられます。「得意なことを人に教えていたらしだいに仕事らしくなっていた」という人の場合、「どのタイミングで開業届を出せば良いかわからなかった」という声もお聞きします。

そして、「そろそろ開業届を出そうか」と調べてみると、「1カ月以内」という提出期限があることに気づいて、「今さら開業届を提出したら怒られるのではないか？」「かといって出さずに営業していたら罰せられるのではないか？」と悩み始める人もいます。

しかし、事業を開始してから数年後に開業届を提出しても、届を出さずに事業を継続していても、罰せられることはありません。

気づいたときに開業届を提出すれば問題はありません。提出日は提出した時点の日付になりますが、開業日は過去の日付で提出することもできます。

(2)開業届と確定申告の関係

また、開業届と確定申告の関係について、

☑開業届を出していないのに確定申告をしたら怒られるのでは？

☑開業届を出しているのに確定申告をしなかったら罰せられるのでは？

こんな疑問を持つ人もいますが、叱られることも罰せられることもありません。そもそも確定申告をすべきか否かは開業届とは関係ありません。

　開業届を出していても課税所得がなければ原則、確定申告をする必要はありません。逆に開業届を出していなくても課税所得があれば確定申告をする必要があります。

⑶開業届を提出するメリット

　ここまで読むと、開業届はいつ提出しても問題はなく、確定申告とも関係がない、「ならば、開業届は出しても出さなくても同じなの？」「開業届は何のために出すの？」という疑問がわいてきたかもしれません。

　そこで、開業届を提出しないとできないことや、開業届を出すメリットを紹介します。

①青色申告

　青色申告を行うためには、青色申告承認申請書とともに開業届の提出が必要です。税制上さまざまな特典があります（青色申告については第6章のQ7を参照）。

②屋号付き口座の開設

　個人事業主の場合、開業届の控えなどを提出することで、口座名義を屋号と名前でつくることができます。手続きなどは金融機関により異なります（屋号付き口座については、本章のQ4を参照）。

③小規模企業共済への加入

　小規模事業者の退職金制度で、資産形成と節税が同時にできる個人事業主の特権ともいえる共済が小規模企業共済です。

　確定申告をしていれば確定申告書の控えで加入することができますが、確定申告をしていない場合は開業届の控えで加入することができます。

　その他に、実際に開業届を出した人に開業届を出した理由を聞いてみると次のような答えも多く聞かれました。

①保育所の就労証明のため

　フリーランスや自営業の人が保育所の申し込みを行う場合、開業届が就労状況の証明書類になります。

　保育の必要性の認定において、これから事業を始める人は、すでに事業

を営んでいる人より優先度が下がるため、開業届を提出し1年目は無認可の保育所に子どもを預けて稼働したという方もいました（保育所の入所については第8章Q2を参照）。

②賠償責任保険に加入するため

業務上の過失により他人に損害を与えた場合、その損害の賠償責任を補償する保険があります。

例えば、子どもを預かる教室やお客様の身体に触れる仕事などで、子どもやお客様にケガを負わせてしまったり、物品を破損してしまったり、損害を与えることも考えられます。そのようなリスクに備えられる事業用の賠償責任保険に加入する際に、開業届の写しの提出を求められることがあります（賠償責任保険については第7章Q6を参照）。

③自覚ができるため

実際に開業届を提出した方に開業届を提出したメリットを尋ねると最も多い答えが「気持ちの問題」です。

「これを仕事にするという覚悟ができた」「趣味の延長からビジネスに意識が変わった」「事業主としての自覚が芽生えた」という声が多く聞かれます。「たかが気持ち」ですが「されど気持ち」です。「やり方よりあり方が大切」といわれますが、事業を行ううえで「心の持ちよう」「思考」は重要です。

Q2. 開業届ってどうやって出すの？

A2. 「個人事業の開業・廃業等届出書」に必要事項を記入して所轄の税務署に提出します。用紙は国税庁のサイトからダウンロードでき、提出は郵送でも可能です。費用は無料、審査もありません。

(1)届出用紙の入手方法

税務署で「個人事業の開業・廃業等届出書」を入手し、その場で記入し提出することもできますが、国税庁のサイトから書類をダウンロードすること

ができます。用紙を印刷して、所轄の税務署に郵送すれば税務署に出向く必要もありません。

図 3-1

(2)記入のポイント

開業届の作成にあたっては、マイナンバーと印鑑をご準備ください。

記入上の不明な点は所轄の税務署にお尋ねいただければと思いますが、よく疑問に思われるポイントを3つ紹介します。

①納税地

自宅で開業する場合は自宅の住所、自宅以外に店舗や事務所を構える場合は自宅でも店舗や事務所の住所でも構いません。

事務所と自宅の住所が離れている場合は所轄税務署が変わる場合もありますので、何かの時に出向きやすいほうでも良いでしょう。

また税務署からの郵送物が納税地の住所に送られてきますので、利便性が高いほうにされてはいかがでしょうか。

②屋号

決まっていなければ空欄のままで構いません。

開業届を出した後に屋号が決まったり、事業内容が変わったりすることもあると思いますが、それを理由に再度開業届を提出する必要はありません。

③開業日

「事業開始から1カ月以内に提出」と規定がありますが、実際の開業日で問題ありません。

(3)提出方法

提出用と控え用と2部作成し、両方とも税務署に提出します。税務署の収受日付印のある控えをご自身で保管してください。

提出方法は税務署に出向く方法と、郵送で行う方法があります。

郵送する場合は、返信用封筒にご自身の住所と宛名を書いて、切手を貼っておきましょう。そうすることで控えを返送してもらえます。

開業届の控えを紛失して、税務署に写しをもらいに行ったら保管期限を過ぎていて写しがもらえなかったという方もいました。この方の場合、開業届を再度提出したそうです。

開業届の控えが必要になるケースもありますので、控えは大切に保管しておきましょう。

⑷開業届を提出する際の留意点

①雇用保険の基本手当を受給中の方

会社等を辞めて雇用保険の基本手当を受給している人が開業届を提出すると、基本手当の受給要件である「求職活動を行っていること」を満たさなくなるため、給付が打ち切られる可能性があります。

②健康保険の扶養に入っている方

健康保険の被扶養者として配偶者の扶養に入っている人で、配偶者の会社の健康保険が組合健保である場合、「開業届の提出」も扶養を外れる要件となっているケースがあります。

健康保険組合はそれぞれ組合独自に基準が設けられていますので、開業届を提出する前に、「扶養される配偶者等が個人事業主の場合の扶養の認定基準」を確認してください(健康保険の扶養については第4章Q4を参照)。

Q3. 良い屋号のつけ方は?

A3. 良い屋号の条件は一般的に「事業内容が分かりやすく、読みやすい」などがあげられます。さらに、起業への想いが込められた屋号であれば、他人に共感され、自分の気持ちも上がる良い屋号になります。

⑴屋号の役割

屋号とは個人事業者が名乗る社名のようなものです。

会社など法人は「登記」が必要なため、法人名がなければ設立することができません。

その点、個人事業の場合は屋号がなくても事業を開始することができます。

しかし、屋号があると事業らしい印象を与えることができます。良い屋号が決まればあるにこしたことはありません。

では、屋号をつける際、気をつけたいことや、良い屋号のつけ方を紹介します。

(2)良い屋号の条件

個人事業では「株式会社」「ＮＰＯ法人」などの法人格を表す表現は使えません。

また、商標登録されている名称も使用することができません（商標登録については第7章Q4を参照）。

このような法を犯さない名称であれば良いわけですが、一般的に良い屋号の条件として次のようなことが挙げられます。

・業務内容がわかりやすい

・読みやすい

・覚えてもらいやすい

上記を満たしていることが前提ですが、私は①自分の気持ちが上がり、②顧客に共感される屋号が良い屋号ではないかと思います。

①自分の気持ちが上がる屋号

屋号を最も目にするのは、他の誰でもなく自分です。名刺を渡すとき、メールを送るとき、ＳＮＳに書き込むとき、屋号を見てテンションが上がると良いですね。屋号に愛着を感じることで、意欲的に事業に取り組めるという側面もあると思います。

②顧客に共感される屋号

仕事を通して「どんなお客様にどのような価値を提供したいのか」という思いが込められていると印象の良い屋号になると思います。

例えば、第2章で紹介したマタニティフォトの「ママトリマス」という屋号は、「ママが撮ります。ママを撮ります」という意味があります。そもそもマタニティフォトを仕事にしようと思ったのは、子育てをする中で、妊娠中に撮影してもらった1枚の写真に何度も救われたからでした。

可愛いはずのわが子ですが、思い通りにいかないことや大変なこともあります。そんな時、マタニティフォトを見て、誕生を心待ちにしていたあの頃の気持ちを思い出されたそうです。このようにマタニティフォトの素晴らしさを体感したママである自分が、その素晴らしさを多くのママに届けたいという思いが込められていました。

　こんなストーリーを熱く語られたらどう感じるでしょうか。子育ての経験がなくても共感をされるのではないでしょうか。

　このように屋号を説明するだけで他人に共感され、印象に残る素敵なセールストークにもなります。

⑶良い屋号が思いつかないときは

　私も起業して8年ほど屋号が決まらず、ファイナンシャルプランナーという肩書きだけで仕事をしていました。

　8年間も屋号が決まらなかったのは、私自身「どんなお客様にどのような価値を提供したいのか」が明確になっていなかったからでした。

　子ども向けの金銭教育から主婦の方向けのセミナー、企業研修などターゲットもバラバラ、「誰にどんな価値を提供したいのか」定まっていませんでした。

　しかし仕事を続けるうちに、気持ちよく自分の力を発揮できる分野が明らかになり、しっくりくる屋号に巡り合えました。

　私の相談者はほとんどが女性です。女性は家庭において多くの役割を担っており、出産・育児・介護など環境の変化に応じてライフスタイルを大きく変化させざるを得ない場合が多いものです。

　そんな環境の変化を受け入れながら、自分自身の人生を充実させ悔いなく生きようとする女性の柔軟さと強さを「しなやか」と表現し、「女性のしなやかな生き方を応援したい」という思いを込めて「しなやかライフ研究所」と名付けました。

　焦らなくても、やりたいことや自分らしさが明確になると屋号はそのうち降りてくると思います。

Q4. 事業用の口座をつくったほうがいい?

A4. 事業を開始したら事業用の口座をつくりましょう。事業とプライベートなお金は分けたほうが帳簿をつける作業がラクになるなど、管理がしやすくなります。

⑴口座を分ける理由

個人事業の場合、必ずしも事業用と生活用に口座を分ける必要はありません。しかし、事業の収支とプライベートな入出金が混在すると、事業がもうかっているのか否か、そして家計の収支もわかりにくくなります。

また帳簿をつけるときも作業が煩雑になりますので、管理のしやすさという面から口座は分けることをお勧めします。

また、確定申告の際に通帳の写しを提出する必要はありませんが、税務調査が入った場合には事業に関する通帳を見せる必要があります。その際、生活用口座と事業用口座が明確に分けてあれば、生活用の口座は見せる必要がありません。

クレジットカードも公私を分けて、事業用カードの引落とし口座は事業用口座にしましょう。

⑵屋号付き口座の開設

屋号がある方は口座名義を「屋号＋個人名」にすることもできます。

図 3-2

屋号で仕事をしている人は、振込先の口座名に屋号があったほうが、振込をするお客様に安心感を与えます。

また、本名を伏せたいという方は、振込先を屋号のみで表示させることもできます。

「振込先の口座名で占い師さんの本名を知って、興ざめした」という話を聞いたこともあります。名前そのものがブランドイメージになる職業もありますので、このようなサービスを利用されてはいかがでしょうか。

屋号付き口座の開設手続きは金融機関によって異なりますが、通常の口座

を開設するときに必要な本人確認書類やマイナンバー、印鑑以外に、次のようなものを提出する場合が多いようです。

　・開業届の控え

　・屋号が記載された郵便物や公共料金の請求書等

　・ウェブサイトを印刷したもの

　屋号付き口座の開設の有無、必要な書類などは金融機関によって異なります。開設される際には事前に、以下についてお問い合わせください。

　①屋号付き口座の開設が可能か（すでに個人口座がある場合は開設不可の場合もあります）

　②屋号付き口座開設に必要な書類と期間（1週間程度かかるケースもあります）

　③振り込み口座名を屋号のみとすることができるか（希望する場合）

⑶口座間のお金のやりとり

「事業用口座にあるお金を引き出して使うと、横領になるのでは？」と心配して使えなかったという人がいましたが、事業用の口座のお金を生活用に使っても問題ありません。

　事業用と生活用の口座を分けてもお金のやりとりは自由にできます（事業主の給料については第5章Q8を参照）。

Q5. 事業用に印鑑をつくる必要があるの？

A5. 印鑑を事業用につくる必要はありません。書類や契約書には個人名の印鑑を使用しますので、新たに印鑑をつくる必要はありません。

⑴印鑑が必要な場面

　銀行口座を開設したり、開業届や確定申告書を提出したり、契約を交わしたり、事業において印鑑を使う場面があります。この時使用する印鑑は、個人名の印鑑で構いません。屋号を入れてつくる必要もありません。

　ただし、弁護士や司法書士など「資格名＋個人名」の職印が必要な職業もあります。それ以外の人は新たに作成する必要はありません。

⑵印鑑の種類と使い分け

　印鑑には用途に応じて次の種類があり、それぞれ以下のような場面で使用します。

図 3-3

印鑑の種類	使用場面
①実印	不動産賃貸借契約等重要な契約
②銀行印	銀行口座を開設する
③認印	開業届や確定申告書の作成 領収書や請求書の作成 その他契約書類の作成
④訂正印	誤字を訂正するとき

①実印

　市区町村の役所に登録した印鑑のことを「実印」といいます。

　不動産の売買や遺産相続、ローン契約など高額で重要な契約をする場面で用いられます。実印は複製のリスクなどを避けるためにも、日常使用する印鑑とは分けておきましょう。

②銀行印

　銀行や信用金庫などの金融機関に印影の登録をしている印鑑を「銀行印」といいます。預金を引き出すときなどに本人確認のために使用されます。

③認印

　個人が日常生活で使用する届を出していない印鑑を「認印」といいます。

　開業届や確定申告書は認印で提出できます。また、業務委託契約書や秘密保持契約書などの契約書も認印で締結できます。

　なお、領収書や請求書に印鑑を押すことは法的には要件となっていませんが、慣習として押す場合が多いです。この場合も認印で構いません。

④訂正印

　書類によっては誤字を二重線で消して、正しい字を加筆する方法で訂正する場合があります。その際二重線のうえに訂正印を押します。使用する

印鑑は認印でも構いません。

⑶ゴム印

住所、屋号、氏名、電話番号が一度に押せるゴム印はあると便利です。

手軽に安価でつくれますので、市販の領収書や請求書などを使われる人は作成しておかれると良いでしょう。

⑷契約と印鑑

「印鑑を押すことで契約が成立する」と思っている人も多いですが、法律上（民法）は口約束も契約にあたります。ただ、後々「言った、言わない」の争い事が生じないために契約書を作成し、その証として押印します（契約については第7章のQ1を参照）。

Q6. 開業について相談できるところはないの？

A6. 国や自治体、行政の制度を利用することで、経営に関する相談や専門的なアドバイスを無料で受けることができます。まずは、商工会議所や商工会に相談してみましょう。

⑴専門家による相談

起業準備に関する相談や起業後の経営上の課題について、無料で専門家に相談できる制度があります。

①商工会議所の専門相談

弁護士による法律相談、税理士による税務相談など商工会議所には、専門家の相談窓口が用意されています。商工会議所の会員でなくても利用できるか、また相談内容などは商工会議所により異なります。詳細は所轄の商工会議所または商工会にお尋ねください。

②よろず支援拠点

国が設置する中小企業や小規模事業者向けの相談拠点で、全国47か所に設置されています。中小企業、小規模事業者の方だけでなく、創業予定の方も、あらゆる相談を受け付けています。

(2)専門家を派遣する制度

経営課題を解決するために、専門家を無料で派遣する制度があります。

①ミラサポ専門家派遣

「よろず支援拠点」や商工会議所などの地域の相談窓口で相談のうえ、必要に応じて専門家を無償で派遣してもらえる制度です。利用に際しては、事前にミラサポの会員登録（無料）が必要です。年間5回まで無料で利用することができます。

②各都道府県が行う専門家派遣事業

各自治体にも中小企業の支援策として専門家を派遣する事業がないか確認してみましょう。例えば、大阪府には「エキスパートバンク」という専門家派遣事業があります。

専門家には中小企業診断士、弁護士、税理士、社会保険労務士、技術士、弁理士、司法書士、販売士、情報処理技術者、ITコーディネータ、ISO審査資格者、一級建築士、行政書士など公的資格を有する方が登録されていて、主に次のようなアドバイスを受けることができます。

●経営上のアドバイス

事業計画の立て方、販売促進、パソコン活用（ＨＰの見直し、会計ソフトなど）、店舗診断、法人の設立方法、特許・実用新案・意匠、人事制度など

●技術上のアドバイス

製品のデザイン、新製品開発、品質管理、製品のコストダウン、工場の整備、パソコン活用（生産システム）など

「商工会議所は会社経営者や商店主が会員になるというイメージがあり、敷居が高いと感じる」という人もいますが、決してそんなことはありません。

フリーランスも自宅で開業している個人事業主も商工会議所の支援対象となる「小規模事業者」です。年会費を支払うことでさまざまな会員サービスを受けることができますが、非会員であっても相談や専門家派遣など利用できるサービスもありますので、気軽に相談しましょう。

··

Q7. お得な補助金や融資はないの？

··

A7. 小規模事業者の経営を支援する補助金として「小規模事業者持続化補助金」があります。また経営指導を受けることで安心してお得な融資が受けられる「マル経融資」があります。

⑴小規模事業者持続化補助金

　小規模事業者持続化補助金は、小規模事業者の販路開拓や業務効率化の取組を支援するため、その経費の一部を補助する国の制度です。

①補助の概要

　国の予算に基づいて毎年、募集時期などの詳細が決定されます。補助事業計画書など必要書類を提出し、審査を経て採択されると、経費の3分の2（上限50万円）が補助されます。

　例えば、販路拡大の費用として仮に60万円を要した場合、3分の2の40万円が補助されます。90万円を要した場合は上限の50万円が補助されます。

②補助対象となる販路開拓や生産性向上の取組の例

　例えば、次のような経費が補助されます。

・新たな販促用チラシの作成（デザイン料、印刷代、送料）
・新たな販促用チラシのポスティング（雑役務費）
・ホームページの作成（外注費）
・ネット販売システムの構築（外注費）
・展示会、見本市への出展、商談会への参加（出店費用や旅費、運搬費）
・新商品開発にあたって必要な図書の購入（資料購入費）
・新商品開発にあたって専門家からの指導、助言（専門家謝金）
・店舗改装や新商品を陳列するための棚の導入（外注費、機械装置等費）

　採択されるためには、事業計画を策定し、またそれを文書化する必要があります。応募に際しては早めに、商工会議所または商工会にご相談ください。

⑵マル経融資（小規模事業者経営改善資金融資制度）

　マル経融資は、商工会議所などで、経営指導（原則6ヵ月以上）を受けた方に対し、日本政策金融公庫が行う国の融資制度です。

①主な要件

- ・常時使用する従業員が20人（商業または宿泊・娯楽業を除くサービス業については5人）以下の法人・個人事業主
- ・1年以上、商工会議所地区内で事業を行っている
- ・商工会議所の経営指導員による経営・金融に関する指導（無料）を原則6ヵ月以上受けており、事業改善に取り組んでいる
- ・所得税、法人税、住民税など納期限が到来している税金を納付している
- ・日本政策金融公庫の非対象業種等に属していない

②融資の条件（※2021年3月31日の日本政策金融公庫受付分まで）

- ・貸付限度額　2,000万円
- ・返済期間　運転資金　7年以内（据置期間　1年以内）
　　　　　　　設備資金10年以内（据置期間　2年以内）
- ・担保・保証人　不要（保証協会の保証も不要です）
- ・貸付利率　1.21％（2020年4月1日現在）

　利率が低いだけではなく、担保も保証人も要らず、1年後から返済をスタートできるなど民間の金融機関では考えられない好条件です。

　6カ月の経営指導を受けることも経営基盤を整えることにつながります。

　融資を必要とするときはこのような制度があることも覚えておきましょう。

第4章

【扶養と社会保険Q&A】
起業したら
扶養からはずれるの？

Q1. 扶養からはずれたら大変なことになるの？

A1. 「扶養からはずれると損をする」というイメージがあるようですが、そうとも限りません。

扶養をはずれて働くメリット・デメリットについて正しい知識を持って、あなたらしい働き方を選択しましょう。

⑴扶養にまつわる勘違い

次の①〜⑤はよく尋ねられることですが、この中で正しいと思うものを全て選んでください。

①売上が103万円を超えたら配偶者控除を受けられなくなる

②開業届を出したら配偶者控除を受けられなくなる

③税制上の扶養（配偶者控除、配偶者特別控除）をはずれると損をする

④売上が130万円を超えたら健康保険の扶養をはずれる

⑤世帯主の職業に関わらず、健康保険の扶養をはずれると損をする

これら5つの中で「正しい」と思うものはいくつありましたか？

実は、これらは全て間違いです。

これまで相談を受けてきた女性の多くがこんな誤解をされていました。

夫に「好きなことするのは良いけれど扶養ははずれないように」と忠告され、仕事が軌道に乗り始めると仕事をセーブしたり、ＳＮＳで発信できなくなったり、「働きたいのに働けない」というお悩みをお聞きすることがあります。

折角努力が実ってきたのに、こんな誤解からのびのびと活躍できなくなっては、勿体ないですね。

安心して働き方を選択していただけるように、まずは扶養にまつわる誤解を解いていきたいと思います。なお、この章では、便宜上、夫が妻を扶養するという前提で話を進めます。逆の世帯では、夫と妻を読み替えてください。

一口に扶養といっても、「税制上の扶養」と「社会保険上の扶養」があります。

妻が税制上の扶養に入っていると、夫の所得税を計算する際に、「配偶者

控除」または「配偶者特別控除」という控除が受けられ、夫の税負担が軽減されます。

　妻が社会保険上の扶養に入っていると、妻は被扶養配偶者として、健康保険や国民年金の保険料の負担をすることなく、社会保険に加入することができます。

　先ほどの①〜③は税制上の扶養に関する勘違い、④〜⑤は社会保険上の扶養に関する勘違いです。それぞれどのような勘違いなのか、順に見ていきましょう。

⑵税制上の扶養の勘違い

①売上が103万円を超えたら扶養からはずれる?

　パートで働く人は収入が103万円を超えると配偶者控除の対象からはずれます。このため、「売上が103万円を超えたら配偶者控除が受けられなくなる」と思い込んでいる人がいますが、「売上」は税制上の扶養とは関係がありません。

　事業所得者の場合、「配偶者控除」や「配偶者特別控除」の対象になるか否かは、売上から必要経費を引いた「所得」で判断され、103万円という金額も関係ありません。

②開業届を出したら扶養からはずれる?

　開業届の提出の有無と税制上の扶養は関係がありません。

　開業届を提出していても「所得」が一定以下であれば配偶者控除の対象となります。

「開業届を出したから」と潔く扶養から抜け、5年間も配偶者控除を受けていないという人がいましたが、ずっと利益は出ていませんでした。開業届を出したからといって扶養からはずれる必要はなかったとわかり、さかのぼって確定申告をしたところ、50万円以上の税金が還付されました。

③税制上の扶養をはずれると損をする?

「配偶者控除等を受けられなくなると、税金が増えて損をする」と思い込んでいる人がいますが、これも間違いです。

妻の所得が一定額以上になり「配偶者控除」を受けられなくなっても、「配偶者特別控除」が受けられ、妻の所得に応じて控除額が段階的に減る仕組みになっています。税金の負担が増えても、妻の所得の増加を考えると、世帯全体の手取額としては増加しますので「損」にはなりません。

⑶社会保険上の扶養の勘違い

④売上が130万円を超えたら健康保険の扶養をはずれる？

扶養される人が個人事業主の場合、健康保険の扶養をはずれる基準は健康保険の運営主体によって異なります。

ちなみに中小企業が加入する全国健康保険協会（協会けんぽ）では、所得が基準となっています。売上から必要経費（減価償却費等を除く）を引いた所得が130万円未満であれば扶養の対象となります。

健康保険組合や共済組合などの場合は、独自に基準が決められていますので、早めに確認しておきましょう。

⑤世帯主の職業に関わらず、社会保険の扶養をはずれると損をする？

扶養を気にして私のセミナーに参加された人がいましたが、よくよくお聞きするとご主人は自営業で、国民健康保険に加入しておられました。

国民健康保険には、そもそも扶養という概念がありません。

自営業の妻は国民年金の保険料もすでに負担していますし、国民健康保険の保険料は世帯の人数や世帯所得に応じて計算されますので、妻の所得が増加する以上に保険料が上がることはありません。

したがって、世帯主が個人事業主の人は扶養について気にする必要はありません。

⑷扶養をはずれると損をするケース

⑥税制上の扶養をはずれると手取りが減るケース

先ほど「税制上の扶養をはずれても世帯手取りは減少しない」といいましたが、夫の勤務先に「配偶者手当」のような税制上の扶養を条件にした手当があれば、話は違ってきます。

例えば、「配偶者手当」が毎月1万5千円支給されていたら、年間18万円

支給されなくなるわけですから、世帯の手取りに与える影響は大きいです。

　まずは、そのような手当があるか、あればその支給基準は何か、確認しておきましょう。

⑦健康保険の扶養をはずれるケース

　社会保険上の扶養に入っていた妻が、扶養をはずれると、国民健康保険に加入し、国民年金保険料も支払うことになります。

　国民健康保険は自治体により保険料が異なりますが、扶養をはずれると合わせて年間40万円前後の保険料負担が発生するケースが多いです。

　新たに40万円もの社会保険料の負担が発生しますので、扶養をはずれてしまうと世帯手取りが減少に転じる人もいます。

　しかし、扶養をはずれることを恐れるばかりではなく、「保険料以上に稼ぐ」とやる気に変えて活躍の場を広げていくという考え方もできます。

　以上、簡単に扶養の誤解を解いてきましたが、まだまだ扶養についてわからないことだらけだと思います。

　これから、一つひとつ扶養にまつわる疑問に答えて、働き方を決めるために必要な扶養の知識を紹介していきます。

Q2. いくら稼いだら配偶者控除が受けられなくなるの？

A2. 夫が妻を扶養している場合、妻の所得が48万円を超えると、配偶者控除が受けられなくなります。しかし、妻の所得が48万円を超えても133万円までは配偶者特別控除を受けることができます。所得とは収入（売上）から必要経費を引いた「もうけ」のことです。

⑴税制上の扶養、配偶者控除と配偶者特別控除

「配偶者控除」とは婚姻関係にある配偶者を扶養している人の税負担を軽減するための控除です。

　夫が妻を扶養している場合、妻の所得が48万円以下であれば夫は配偶者控除を受けることができます。

妻の所得が48万円を超えた場合でも、所得133万円まで「配偶者特別控除」が受けられます。

図 4-1

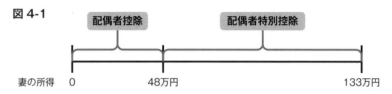

ただし、所得が1,000万円（原則給与収入1,195万円）を超える人は、「配偶者控除」を受けることができません。

したがって、夫の所得が1,000万円を超える場合、妻の所得の多寡に関わらず、配偶者控除も配偶者特別控除も受けることはできません。

図 4-2

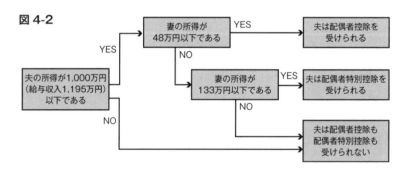

では、「所得」とはどのように計算するのか、以下で詳しく見ていきましょう。

(2)妻の働き方と所得の求め方

配偶者控除や配偶者特別控除の対象要件となる「所得」は、働き方によって計算方法が異なります。

夫が妻を扶養するものとして、妻が個人事業主の場合と副業の場合の所得の計算方法を紹介します。

①妻が個人事業主の場合

個人事業主の場合の所得は売上から必要経費を引いて求めます。

青色申告の人は、青色申告特別控除も引きます。

「事業所得＝売上－必要経費－青色申告特別控除」

図4-3

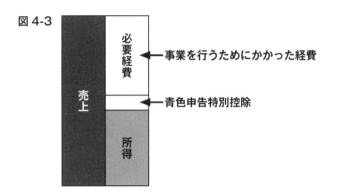

売上／必要経費 ←事業を行うためにかかった経費

←青色申告特別控除

所得

例えば、妻の1年間の売上が180万円、必要経費が80万円、青色申告特別控除が55万円であったとすれば、以下のように計算されます。

売上180万円－必要経費80万円－青色申告特別控除55万円＝45万円

所得は48万円を超えませんので、配偶者控除の対象となります。

②妻がパートをしながら個人事業を行う場合

パートの給与所得と事業所得をそれぞれ計算し、給与所得と事業所得を合算した合計所得が48万円以下であれば配偶者控除の対象となります。48万円を超えても133万円以下であれば配偶者特別控除の対象となります。

「合計所得＝給与所得＋事業所得」

例えば事業所得が40万円、パートの給与所得が55万円だった場合、所得の合計は95万円となり、「配偶者特別控除」を受けることができます。

図 4-4

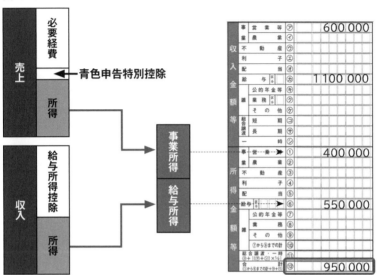

事業	営業等	⑦		600 000
事業	農業	④		
収入金額等	不動産	⑤		
	利子	①		
	配当	④		
	給与 区分	④		1 100 000
雑	公的年金等	④		
	業務 区分	④		
	その他	④		
総合譲渡	短期	⑦		
	長期	④		
一時		④		
事業	営業等	①		400 000
事業	農業	②		
所得金額等	不動産	③		
	利子	④		
	配当	⑤		
	給与 区分	⑥		550 000
	公的年金等	⑦		
雑	業務	⑧		
	その他	⑨		
	⑦から⑨までの計	⑩		
総合譲渡・一時 ④+{(⑤+⑤)×½}		⑪		
①から⑥までの計+⑩+⑪		⑫		950 000

なお、パートの収入金額は源泉徴収票の「支払金額」に記載され、所得金額はその右の「給与所得控除後の金額」に記載されています。

図 4-5　　　令和　　　年分　　**給与所得の源泉徴収票**

支払を受ける者	住所又は居所	××県××市××町×丁目×番×号				

(受給者番号)

(個人番号) 1 2 3 4 5 6 7 8 9 0 1 2

(役職名)

氏名	(フリガナ)　ニホン　ハナコ
	日本　花子

種　　別	支　払　金　額	給与所得控除後の金額	所得控除の額の合計額	源泉徴収税額
	内　　1 100 000	550 000	480 000	3 500

(源泉)控除対象配偶者の有無等		配偶者(特別)控除の額	控除対象扶養親族の数（配偶者を除く。）				16歳未満扶養親族の数	障害者の数（本人を除く。）		非居住者である親族の数
有	従有	老人		特定	老人	その他		特別	その他	
		千　　　　円	人 従人	内	人 従人	人 従人	人	内 人	人	人

社会保険料等の金額	生命保険料の控除額	地震保険料の控除額	住宅借入金等特別控除の額
内　　　千　　　　円	千　　　　円	千　　　　円	千　　　　円

(摘要)

事業所得のみの場合と副業の場合について、所得の算出方法を紹介しましたが、税制上の扶養の対象となる基準は、確定申告書の所得の合計⑨欄の金額となります。

年金収入や不動産収入などその他の収入を得ていた場合も、所得金額の合計欄の金額が48万円以下であれば「配偶者控除」の対象となりますし、それを超えて133万円以下であれば「配偶者特別控除」の対象となります。

Q3. 配偶者控除が受けられないと、損するの？

A3. 配偶者の所得が48万円を超えて、「配偶者控除」を受けられなくなっても、「配偶者特別控除」を受けることができます。配偶者特別控除は段階的に控除額が減るしくみになっていますので、配偶者の所得が増えることで手取りが大きく減ることはありません。

　ただし、勤務先に税制上の扶養を支給要件にした「配偶者手当」などがある場合は、注意が必要です。

(1)妻の所得の変化と控除額の変化

　一般的収入（所得900万円以下）の夫が妻を扶養する場合、妻の所得が48万円以下であれば、夫は「配偶者控除」として38万円の所得控除を受けることができます。

　妻の所得が48万円を超えると、夫は「配偶者特別控除」を受けることになりますが、妻の所得が95万円に至るまでは控除額は38万円と変わりありません。

　妻の所得が95万円を超えると、徐々に控除額は減らされ、妻の所得が133万円を超えると、「配偶者特別控除」も受けられなくなります。

図 4-6

【配偶者控除】　　　【配偶者特別控除】

38万円

控除額

配偶者の

パート収入　0　　　103万円　　　150万円　　　201万円

合計所得　　0　　　48万円　　　　95万円　　　　133万円

なお、夫が高所得者（所得900万円超1,000万円以下）の場合は、控除額が少なくなります。

　所得900万円を超えて950万円以下の人は、「配偶者控除」の控除額が26万円に減額され、準じて「配偶者特別控除」も所得900万円以下の人に比べて少なくなっています。

　所得950万円を超えて1,000万円以下の人は、「配偶者控除」の控除額が13万円に減額され、準じて「配偶者特別控除」も少なくなっています。

　夫の所得が1,000万円を超えると妻の所得に関係なく「配偶者控除」も「配偶者特別控除」も受けられなくなります。

⑵扶養をはずれたらどうなるの？

　例えば、所得900万円以下の夫が妻を扶養していて、妻の所得が95万円から97万円に2万円増えた場合、配偶者特別控除の控除額は38万円から36万円へと2万円少なくなります。

　これは世帯として考えた時、妻の収入が2万円増えて、夫の税金が2万円増える、つまりプラス・マイナスでゼロということではありません。

　「配偶者特別控除」が2万円減っても、夫の税金が2万円増えるわけではないからです。

　配偶者控除も配偶者特別控除も「課税所得」を減らす「所得控除」のひとつです。

図 4-7

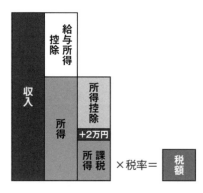

　所得控除の控除額が2万円減るということは、税金をかける課税所得が2万

円増えることです。

したがって、2万円に税率をかけた金額が増税額となります。

つまり、所得控除が減ると税金は増えるわけですが、いくら増えるかは夫の税率によって異なります。

配偶者特別控除の控除額が2万円少なくなることにより、夫の税金は所得税と住民税合わせて約3,000円（所得税率5％の場合）から約6,000円（所得税率20％の場合）増える計算になります。

一方で妻の所得（もうけ）は2万円増えますので、世帯で考えればプラスとなります。

妻の所得の増加＞夫の税金の増加

税制上の扶養については、妻の所得が増えることによる大きなデメリットはありませんので、遠慮なく仕事に専念していただいたらと思います。

(3)配偶者手当

配偶者控除、配偶者特別控除が受けられなくなっても、デメリットはないと考えて問題ありません。

しかし、夫の勤務先に「控除対象となる配偶者がいること」を条件に給付する手当があれば、税制上の扶養をはずれることにより、手取り額が大きく減ってしまう可能性があります。

例えば、配偶者控除の対象となる配偶者に対し、月1万5千円の手当が出ていた場合、配偶者控除をはずれることで18万円手取りが減ってしまうことになります。

まずは勤務先にそのような手当があるか、その基準は何かを確認してください。

図 4-8

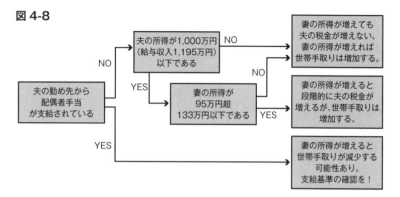

税制上の扶養についてまとめると、税制上の扶養を基準とした配偶者手当が出ている場合のみ妻が扶養をはずれることにより、世帯の手取りが減少に転じる可能性がありますが、それ以外は妻の所得が増えることによるデメリットはありません。

Q4. いくら稼いだら健康保険の扶養からはずれるの？

A4. 健康保険上の扶養の収入要件は、年間収入が130万円未満（60歳以上の者、または障害厚生年金の受給要件に該当する程度の障がい者である場合は180万円未満）と定められています。しかし、扶養される方が事業所得者の場合、健康保険の運営主体により扶養の基準が異なります。ご家族の健康保険の扶養に入っている方は早めに確認しておきましょう。

(1)社会保険のしくみと扶養

健康保険の扶養の話をする前に、まず公的年金のしくみについて簡単に紹介します。

日本に住む20歳から59歳までの人は全員、基礎年金（国民年金）に加入します。

そして、年金制度は職業別にできていて、会社員や公務員などお勤めの方を「第2号被保険者」と呼び、勤め先で厚生年金に加入します。

「第2号」に扶養されている配偶者のことを「第3号被保険者」と呼びます。

これ以外の個人事業主や学生、またアルバイトの方など、「第2号」「第3号」に該当しない方は全員「第1号被保険者」と呼び、国民年金に加入します。あなたは第何号に該当するか確認してください。

図 4-9

次に健康保険の扶養について紹介します。

会社員や公務員が加入する健康保険と共済保険は家族を扶養に入れることができ、一人分の保険料を払うことで扶養する家族の医療費も賄えるようになっています。

このうち扶養されている配偶者は「第3号」として保険料を負担することなく国民年金にも加入することができます。

一方、国民健康保険には扶養という概念がありません。国民健康保険では家族全員が被保険者となり、保険料は世帯ごとに所得や被保険者の数などによって計算されます。

したがって、世帯主が国民健康保険に加入している方は、社会保険の扶養を気にする必要はありません。

⑵健康保険の扶養の要件

健康保険法上の扶養の収入要件は、年間収入が130万円未満(60歳以上の者、または障害厚生年金の受給要件に該当する程度の障がい者である場合は180万円未満)かつ被保険者の年収の2分1未満と定められています。

パート勤めをしている妻は年収130万円以上になると夫の扶養からはずれ、パート先の社会保険に加入するか、国民年金、国民健康保険に加入することになります。

　いずれにしても、これまで保険料の負担なく社会保険に加入できていましたが、扶養をはずれると保険料の負担が発生します。このため妻の年収が130万円を超えた段階で、逆に世帯の手取りが減ってしまいます。

　税制上の扶養の壁はなくなりましたが、社会保険上の扶養の壁「130万円の壁」は健在です。

　扶養内に留まって働くか、扶養をはずれて働くかは、あなたの考えしだいですが、「知らずにうっかり扶養をはずれてしまった」というのは避けたいですね。

　そこで、扶養されている人が個人事業主の場合の扶養の基準について確認しておきましょう。

⑶妻が個人事業主の場合の扶養の基準

　社会保険上の扶養の壁といわれる「130万円」ですが、扶養される人が個人事業主の場合は、収入の判定基準、「何が130万円未満か」は健康保険の運営主体により異なります。

　中小企業が加入する全国健康保険協会（協会けんぽ）では、売上から必要経費を差し引いた額が130万円未満であれば扶養の要件を満たすとされています。ただし、必要経費とは直接的経費をいい、減価償却費等は含まれません。青色申告控除も引くことはできませんので、税金計算上の所得とは異なります。

　売上－直接的経費＜１３０万円（※）

　※60歳以上の者、または障害厚生年金の受給要件に該当する程度の障がい者である場合は180万円（減価償却費については第5章Q9を参照）。

　しかし、健康保険組合や公務員の共済組合等の認定基準は、

☑売上が130万円未満

☑売上から必要経費を引いた所得が130万円未満

☑売上から経費のうち特定の科目を引いた額が130万円未満

☑開業届を提出したら収入の有無に関係なく扶養をはずれる

など様々です。

運営主体が協会けんぽ以外の場合は、個別に「妻が個人事業主の場合の扶養の認定基準」を確認してください。

図4-10

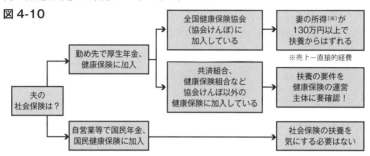

(4)複数の収入がある場合の扶養の基準

では、妻にパート収入と事業収入の両方がある、つまり副業の場合はどうなるでしょうか？

この場合の扶養の認定基準も健康保険の運営主体によって異なります。

全国健康保険協会（協会けんぽ）ではパート収入と事業所得（売上－直接的経費）を合算した金額で判定されます。

　　　給与収入＋（売上－直接的経費）＜130万円（※）

※60歳以上の者、または障害厚生年金の受給要件に該当する程度の障がい者である場合は180万円

なお、農業や不動産収入がある場合も事業と同様、それぞれの直接的経費を引いた後の「所得」を合算します。年金収入はパート収入と同じく「収入金額」を合算します。

健康保険組合や共済組合の場合は、各運営主体にお問合せください。

Q5.健康保険組合の扶養の基準をどうやって確認するの？

A5. 健康保険証に記載されている連絡先に電話をかけて「妻が個人事業主の場合」の扶養の認定基準を知りたい旨を明確に伝えましょう。扶養をはずれる心配がないうちに確認しておかれることをお勧めします。

⑴健康保険組合の独自基準の調べ方

　健康保険組合や共済組合のサイトに扶養の基準が掲載されている場合もありますが、妻が個人事業主の場合の基準までは記載されていないことが多いです。

　そのような場合、直接電話で尋ねるしかありません。お手元の健康保険証に記載されている健康保険組合の連絡先に電話をかけて確認しましょう。

　この時、「扶養の認定基準を知りたい」とだけ尋ねると、パート収入の基準を答えられてしまいますので、「パートではなく妻が個人事業主の場合の扶養の認定基準」と質問の主旨を明確に伝えましょう。

　それでも「年収が130万円未満です」と同じ答えが返ってくる場合もありますので、「その130万円は妻が個人事業主の場合、売上ですか、それとも所得ですか。所得であれば、税務上認められる必要経費は全て認められますか」と尋ねてください。

　私のところに平日に相談にいらした場合は、その場で健康保険組合に電話をかけて確認していただきますが、扶養内で起業するという働き方はまだ一般的ではないためでしょうか、ここまで話をして初めて、電話口の担当者が質問の主旨を理解されることが少なくありませんでした。

　そして、たいてい「少々お待ちください」と保留にされるか、「確認して折り返します」と名前や電話番号を控えられます。

　この時、すでに売上が130万円を超えているなど、何かやましい気持ちがあると、電話で確認することをためらってしまいます。

　よく「起業準備としてまず何をすべきですか？」と質問をいただくことがありますが、扶養内からスタートされる場合は「まず、健康保険の扶養の基準を確認してください」と私は伝えています。

　稼げていないうちは「まだ社会保険の扶養は心配ない」と、確認作業を先延ばしにしてしまいがちですが、健康保険の扶養が気になるほど稼げるようになると、痛い腹を探られるようで確認しづらくなる場合があります。

　「これから個人で仕事を始めようと思うのですが、健康保険の扶養の認定基準はどうなっているのか確認しておこうと思って」と、何を尋ねられても痛くも痒くもないうちに調べておかれることをお勧めします。

Q6. 社会保険の扶養からはずれたらどうなるの？

A6. 個人事業を営む妻が社会保険の扶養からはずれると、国民年金、国民健康保険に加入することになります。国民健康保険はお住まいの自治体によって金額が異なりますが、所得130万円で国民健康保険と国民年金に加入すると、年間40万円前後の保険料が発生します。

⑴ 保険料はいくら増える？

　夫の扶養に入っていた妻が、扶養をはずれて働く場合、パートであればパート先の社会保険に加入する可能性がありますが、個人事業主の場合は国民年金、国民健康保険に加入します。

　国民年金の保険料は収入に関わらず定額となり毎年度見直されます。令和2年度は16,540円／月となっており、年間で約20万円になります。

　国民健康保険の保険料は自治体によって異なります。具体的な金額については、お住まいの自治体にお尋ねいただくか、自治体のサイトに保険料の計算シートがありますので、「自治体名　国民健康保険料」と検索してみてください。

　東京都練馬区と大阪市、福岡市を例にあげると、下表のようになります。

図 4-11

（単位：円）

自治体	加入者年齢	加入者の合計所得金額		
		130万円	150万円	200万円
東京都練馬区	～39歳まで	144,253	163,233	210,683
	40歳～64歳まで	175,567	197,787	253,337
大阪市	～39歳まで	174,873	196,473	250,473
	40歳～64歳まで	218,237	245,197	312,597
福岡市	～39歳まで	162,300	183,700	237,100
	40歳～64歳まで	204,200	231,000	298,000

出所：各自治体の国民健康保険料シミュレーションシートより算出

　加入年齢が40歳以上になると介護保険料がプラスされるため、39歳までよ

り保険料は高くなります。

　40代の妻が所得130万円で扶養をはずれると、20万円前後の健康保険料になります。国民年金保険料約20万円と合わせると、約40万円の保険料が発生します。

　なお、60歳以上の人は、国民年金には加入しませんので、国民健康保険料のみの負担となります。

(2)保障の内容は変化する？

　では、これだけの保険料を払って国民年金、国民健康保険に加入すると、扶養に入っていた時と比べて保障内容が良くなるのでしょうか。

　残念ながら社会保険の保障内容に変わりはありません。

　厚生年金に加入するわけではありませんので将来もらえる年金が増えるわけでもなく、健康保険のように傷病手当金（休業補償）が加わるわけでもありません。

　逆に、保険料を負担せず扶養内に留まっていたほうが、手厚い給付が受けられるケースもあります。

　以前、「仕事を減らしてでも社会保険の扶養ははずれたくない」という女性がいました。

　理由を伺うと、2年前に乳がんを患い経過観察中ということでした。夫の会社の健康保険組合には付加給付があり、1カ月に負担する医療費の上限額は2万5千円で済むのです。

　保険料の負担増もさることながら、医療費の負担が増すことを考慮すると、今は仕事をセーブして扶養内に留まりたいというご意向でした。

　健康保険組合の中には法定の「高額療養費」に加えて、組合独自の付加給付があり、1カ月の医療費の自己負担額が少ない組合もあります。このように保険料の負担だけでなく給付の面でも変化がないか確認しておきましょう。

(3)妻の社会保険料は誰が支払う？

　国民年金、国民健康保険の保険料は全額、社会保険料控除の対象となり、生計を一にする配偶者や親族の社会保険料であれば、支払った方が控除を受けることができます。

つまり、妻の社会保険料を夫が支払えば、夫の税金計算上の控除にすることができます。

妻の所得がさほど多くなく所得から社会保険料を引ききれない場合や、夫の税率が妻より高い場合など、夫の控除にしたほうがお得な場合があります。

ただし、妻の銀行口座から保険料を支払うなどすると夫が払ったとはなりませんので、支払い方法には注意が必要です。

Q7. 扶養からはずれたら、いくら稼げばいいの?

A7. 扶養からはずれることで発生する保険料の負担分を取り戻すには、いくら稼げばよいかという目安を持っておくことは、働き方を考える上で大切なことです。

しかし、この目安は加入する健康保険組合の扶養の基準、国民健康保険料の金額、夫の課税所得などによっても異なるため、ケースバイ・ケースとなります。

⑴ブレーキ or アクセルのどちらを踏むべき?

社会保険上の扶養を外れて、個人事業主として働く場合、国民年金、国民健康保険の保険料の発生により、世帯手取りは大きく減少に転じます。

このため、仕事が軌道に乗り始めたのに「扶養をはずれないように」とブレーキを踏んでしまうというお声をお聞きすることもあります。

逆にアクセルを踏んでいけば、その先には活躍の場が広がり経済的にも豊かになる未来が待っているかもしれません。

例えば、社会保険料の負担による世帯手取りの減少額を取り返すために、あと36万円稼げば良いのであれば、「月に3万円頑張れば良い」と目標が明確になります。

この月3万円を「よし頑張ろう!」と判断するか「しばらくは難しい」と判断するかはあなたしだいですが、このような目安もなく、「社会保険の扶養をはずれたら損」というイメージだけでブレーキをかけているとしたら、勿体ないと思います。

ただし、この目安は加入している健康保険組合（扶養をはずれる基準）、お住まいの自治体（国民健康保険料）、夫の課税所得（社会保険料控除の税額軽減）によって異なります。

　ここでは、妻の事業所得と世帯手取りの変化について、いくつか条件を設定して紹介します。

⑵社会保険上の扶養をはずれたら、いくら稼げば良いかの目安

①妻の所得が130万円で健康保険の扶養からはずれる場合

　・夫は会社員、全国健康保険協会

　・妻は個人事業、40歳以上、大阪市在住（国民健康保険）

　・夫の所得税率5％（年収500万円）

　・妻の社会保険料は夫が支払い、夫の所得控除とする

　上記の条件で妻の事業所得の変化と世帯手取りの変化をシミュレーションすると下のグラフのようになります。

図4-12　世帯手取増減額

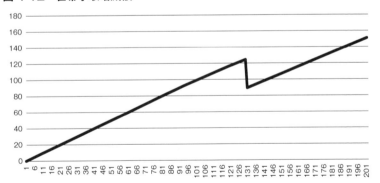

　妻の所得の増加と共に世帯手取りは順調に増加しますが、所得130万円の時点で社会保険の扶養をはずれたため約35万円世帯手取りが減少します。

　妻の所得が170万円以上になれば、所得130万円未満のピーク時の世帯手取りを回復し、それ以上稼げば世帯手取りは増加の一途となります。

　所得130万円以上働く場合、あと40万円、月3万3千円頑張れば保険料分を取り戻すことができます。

なお、夫の所得税の税率と手取りが回復する妻の所得の関係は、同条件では下表のようになります。

図 4-13

夫の課税される所得金額	夫の所得税率	手取り回復する妻の所得金額	
		年間	月間プラス目標
195万円以下	5%	170万円	33,000円
195万円超 ～ 330万円以下	10%	168万円	31,667円
330万円超 ～ 695万円以下	20%	164万円	28,333円
695万円超 ～ 900万円以下	23%	161万円	25,833円
900万円超 ～ 1,800万円以下	33%	155万円	20,833円
1,800万円超 ～ 4,000万円以下	40%	151万円	17,500円
4,000万円超	45%	149万円	15,833円

夫の所得が高ければ高いほど、手取りを回復する目標所得額が低くなるのは、妻の社会保険料を夫の所得控除にするためです。

また、国民健康保険料がこの条件(図4-11の大阪市)より安い地域にお住まいであれば、これより目標所得額は低くなります。

なお、課税所得金額は、給与所得者であれば年末調整済みの源泉徴収票の「給与所得控除後の金額-所得控除の額の合計額」で求められます。

確定申告をしている人は申告書の㉖課税される所得金額に記載されています。

②扶養をはずれる基準が所得以外の場合

扶養をはずれる基準が売上である場合は、売上と手取額の関係が一律に計算できないため、前述のようなシミュレーションを行うことはできません。

しかし、売上が130万円で健康保険の扶養をはずれる場合、所得基準の時よりもっと少ない所得で手取額が回復すると考えられます。

第5章

【起業と税金Q&A】
いくら稼いだら
申告しないといけないの?

Q1. 起業にまつわる税金は？

A1. 個人事業に関連する主な税金は、所得税・住民税の他に、事業税、消費税があります。売上が1,000万円に満たないうちは、原則、所得税の確定申告をすれば事足ります。

⑴個人事業にまつわる税金の種類

「事業を始めたら色々な税金がかかりそう」「手続きやお金の管理が大変そう」と心配する方もいますが、個人事業にまつわる主な税金は次の4つです。

図5-1

	税金の種類	課税方式
所得税	個人の1年間の所得（もうけ）に対して課税される国税	**申告課税**
住民税	個人の1年間の所得（もうけ）に対して課税される地方税	**賦課課税**
事業税	法律に定める事業を営む個人に課税される地方税	**賦課課税**
消費税	消費者が負担する商品・サービスの取引に課税される税	**申告課税**

①所得税と住民税

「所得税」と「住民税」は事業を営む人だけでなく、会社員やパートの人、年金を受給している人も、一定の所得があれば課される税金です。

会社員は年末調整といって、会社が代わりに税金計算をしてくれますが、個人事業主は自分で所得税を計算し申告をします。これを確定申告といいます。

確定申告をすると、その情報が住んでいる自治体に送られ、それをもとに住民税が計算されます。

所得税のように自分で申告する方法を「申告課税方式」といい、住民税のように行政が税額を確定する方法を「賦課課税方式」といいます。

図 5-2

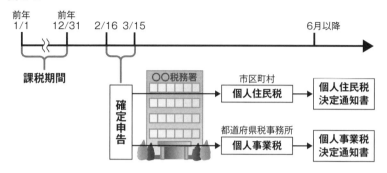

②事業税

「事業税」は事業を営む個人に課税されますが、290万円の控除があります。

つまり、所得(売上-必要経費)が290万円を超えるまでは課税されません。

また、所得が290万円を超えても、事業税は住民税と同じように「賦課課税」ですから、事業税の計算や申告をする必要がありません。

所得税の確定申告の情報をもとに税額が計算され、納税の必要があれば通知書が送られてきます。

③消費税

消費税は消費に対して課税され、消費者が負担する税金です。課税売上高が1,000万円を超えた翌々年に、消費税の課税事業者となります。課税事業者になると消費税の収支を計算して申告と納税をする必要があります。

売上が1,000万円に満たない事業者は免税事業者といい、消費税の申告をする必要はありません。

なお、免税事業者であってもお客様に消費税を請求することができます。

⑵個人事業の税金についてやるべきことは

以上をまとめると、所得税は一定の所得があれば申告する必要があります。

住民税と事業税は所得税の申告に基づいて税額が決定され、納付の必要が

あれば通知書が届きます。

　消費税は課税売上高が1,000万円を超えなければ、申告を行う必要はありません。

　したがって、売上が1,000万円を超えないうちは、原則、所得税の確定申告をしておけば足りるということになります。

　事業を開始したら、日々の売上や経費を記帳して、所得税の確定申告に備えておきましょう。

　また、酒類製造業であれば酒税の納税義務を負うなど、特定の業種に関連する税金もあります。これらの詳細は税務署にご確認ください。

Q2. 所得税を少なくする方法はあるの？

A2. 「必要経費」を適正に計上することや「所得控除」などの控除を活用することで節税することができます。また、所得税の計算結果は、国民健康保険料や手当や支援金などにも影響を与える可能性があります。まずは所得税のしくみを知ることから始めましょう。

⑴所得税のしくみ

　所得税は個人の所得（もうけ）に対する税金で、税金を負担する力が大きい人が、沢山税金を払うしくみになっています。

　そして、日本の所得税には3つの特徴があります。

①所得（もうけ）に課される税金

「所得税は収入にかかる税金」ではありません。

　所得税はその名の通り「所得」、つまり「もうけ」にかかる税金です。

　所得税は個人の1年間（1月1日〜12月31日）の所得（もうけ）に課されます。

②担税力に応じて負担

　同じ所得（もうけ）であっても、何人も家族を養っている方もいれば、そうでない方もいます。扶養家族がいる方といない方に同じだけ税金をかけたら、扶養家族がいる方は気の毒です。

図 5-3

　　　　扶養家族がいる　　　　　　　　　扶養家族がいない

　そこで、扶養家族がいる人には「扶養控除」を引くなど一定の要件にあてはまる場合、所得から一定金額を引きます。これを「所得控除」といいます。

　このようにして税金を負担する力に応じて税金を徴収するしくみになっています。

③超過累進課税

　日本の所得税の税率は5％から45％と税金をかける所得（課税所得）に段階的に高い税率をかけるしくみになっています。

図 5-4　課税所得と所得税の税率

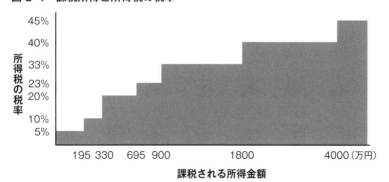

例えば課税される所得が200万円の人の所得税は、195万円までは5%、195万円を超える5万円に対し10%の税金がかかります。

195万円×5% +（200万円 − 195万円）×10% = 102,500円

(2)節税するためには

所得税の計算のしくみを簡単に説明すると次のようになります。

収入から「必要経費」を引いて「所得」を求めます。さらに担税力を考慮するために「所得控除」を引いて、「課税所得」を求め、「税率」をかけて所得税を計算します。

図 5-5

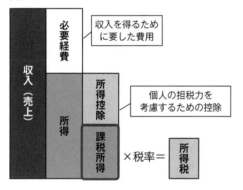

このしくみから、「課税所得」が増えると税金は多くなり、「課税所得」が少なくなれば税金も少なくなることがわかります。そして、個人事業の場合、税金を少なくする方法は2つあります。

①必要経費をもれなく計上すること

どのようなものが必要経費になるか、学んでおきましょう。

②所得控除を活用すること

どのような控除が活用できるか、学んでおきましょう。

⑶所得税の確定申告の影響

　所得税の確定申告に基づいて住民税や事業税の税額が決定されますが、所得税の申告結果が影響を与えるのは税金だけではありません。

　例えば、国民健康保険の保険料や保育料の金額にも影響を与えます。また児童手当、高等学校等の就学支援金、奨学金などの対象となるか否かの判断にも用いられます。

　「医療費控除の申告をしていたら、高校の授業料の支援が受けられた」と後で気づいて後悔していた人や、計上できていなかった経費を計上したところ、国民健康保険の保険料が前年に比べて3分の1になったという人もいました。

　さらに保険料が下がっただけでなく、所得に応じて1カ月に負担する医療費の上限金額も下がりました。

　このように確定申告の結果は税金の金額が増減するだけでなく、多方面に影響を与えます。

　そう考えると「領収書をもらうのが面倒」とはいっていられません。

　適正に所得税の計算と申告ができるように、所得税の計算方法や、必要経費の計上についてもしっかり学んでいきましょう。

Q3. 所得税ってどう計算するの？

A3. 所得税は個人の1年間の「もうけ」に対する税金で、税金を負担する力を考慮して計算されます。具体的には、「収入」から「必要経費」を引いて「所得」を求め、個人の担税力を考慮する「所得控除」を引いて「所得税」が計算されます。さらに一定の要件にあてはまる場合は「税額控除」を引くことができます。

⑴所得税のしくみ

　所得税は1年間（1月1日〜12月31日）の個人の所得（もうけ）に課される税金で、5つのステップで計算していきます。

図 5-6

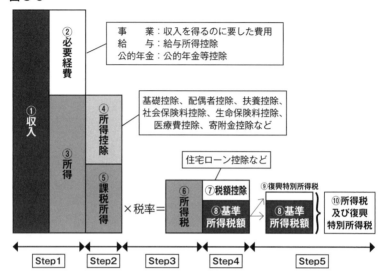

<Step 1 > 必要経費を引く （①収入―②必要経費＝③所得）

「①収入」から、その収入を得るためにかかった「②必要経費」を引いて「③所得」を求めます。

「①収入」は事業であれば売上のことで「事業収入」といいます。

「②必要経費」は収入の種類によって計算方法が異なります。事業収入の場合は、実際に使った経費を自分で計算して計上しますが、給与収入や年金収入の場合は、収入金額に応じて一律に控除額が計算されます。

<Step2> 所得控除を引く （③所得－④所得控除＝⑤課税所得）

所得税は所得に対する税金ですが、個々人の事情を考慮して担税力に応じた課税をするために「④所得控除」を引いて「⑤課税所得」を求めます。

「④所得控除」には扶養控除、配偶者控除、障害者控除など人に関する控除と社会保険料控除、生命保険料控除などそれ以外の控除で14種類の控除があります。

＜Step 3＞　所得税を計算する（⑤課税所得×税率＝⑥所得税）

「⑤課税所得」が確定したら、税率をかけて所得税額を算出します。所得税率は超過累進課税になっていて課税所得の金額に応じて5%〜45%まで設定されています。

＜Step 4＞　税額控除を引く（⑥所得税−⑦税額控除＝⑧基準所得税額）

　一定の要件にあてはまる場合、税額から一定額を控除するしくみを「⑦税額控除」といいます。

　例えば、住宅ローン控除や政党等特別寄附金控除などがあります。

＜Step 5＞　復興税を加えて納税額を確定する

（⑧基準所得税額＋⑨復興特別所得税）

　2013年より東北の震災の復興のための財源として「⑨復興特別所得税」が設けられました。「⑨復興特別所得税」は「⑧基準所得税額」に2.1%をかけて求めます。この「⑨復興特別所得税」と「⑧基準所得税額」を合わせた額がその年の納税額となります。

⑵所得税の計算の流れ

ここで事例を使って、所得税の計算の流れを確認しておきましょう。

【事例】1年間の売上が500万円、必要経費が200万円かかりました。

1年間で国民年金、国民健康保険合わせて52万円の保険料を払いました。

住宅ローン控除が5万円受けられます。

図5-7

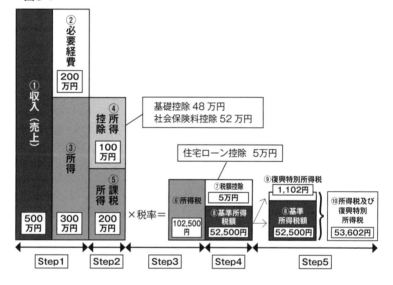

＜Step 1＞必要経費を引く

①売上から②必要経費を引いて③所得を求めます。

①売上500万円－②必要経費200万円＝③所得300万円

＜Step2＞所得控除を引く

③所得から④所得控除を引いて⑤課税所得を求めます。

所得控除には納税者本人の控除である基礎控除があります。所得が2,400万円以下の場合、基礎控除は48万円です。社会保険料は払った金額全額が控除されますので、合わせて100万円が所得控除となります。

③所得300万円－④所得控除100万円＝⑤課税所得200万円

図 5-8　基礎控除の控除額（2020 年分以降）

個人の合計所得金額	控除額
2,400万円以下	48万円
2,400万円超2,450万円以下	32万円
2,450万円超2,500万円以下	16万円
2,500万円超	0円

＜Step 3＞所得税を計算する

　下表の速算表を使って⑤課税所得に対する⑥所得税を計算します。

図 5-9　所得税の速算表

⑤課税される所得金額	⑥所得税額
195万円以下	課税所得× 5%
195万円超～　330万円以下	課税所得×10%－　　97,500円
330万円超～　695万円以下	課税所得×20%－　427,500円
695万円超～　900万円以下	課税所得×23%－　636,000円
900万円超～ 1,800万円以下	課税所得×33%－ 1,536,000円
1,800万円超～ 4,000万円以下	課税所得×40%－ 2,796,000円
4,000万円超～	課税所得×45%－ 4,796,000円

　⑤課税所得が200万円ということは「195万円超～330万円以下」に該当しますので、右の⑥所得税額の計算式にあてはめると次のようになります。

　　⑤課税所得200万円×10%－97,500円＝⑥所得税額102,500円

＜Step 4＞税額控除を引く

　住宅ローン控除は⑦税額控除になります。⑥所得税から控除額を引きます。

　　⑥所得税額102,500円－⑦税額控除50,000円＝⑧基準所得税額52,500円

＜Step 5＞復興税を加えて納税額を確定する

　⑧基準所得税額に2.1%をかけて復興特別所得税を計算します（1円未満

切り捨て）。

⑧基準所得税額52,500円×2.1％＝⑨復興特別所得税1,102円

⑧基準所得税額に⑨復興特別所得税を加えて、⑩所得税及び復興特別所得税を算出します。

⑧基準所得税額52,500円＋⑨復興特別所得税1,102円＝⑩所得税及び復興特別所得税53,062円（納税時は100円未満切り捨て）

以上のような流れで所得税が計算されています。この所得税の計算の流れは、会社員やパートなど給与収入の人も年金収入の人も同じです。

確定申告書もこの流れにそって作られています。これを確定申告書に書くと次のようになります。

図5-7［再掲］

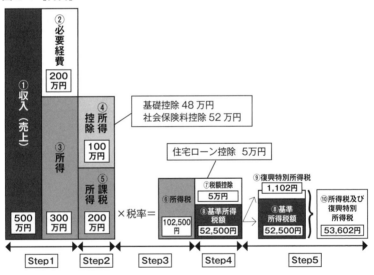

図 5-10

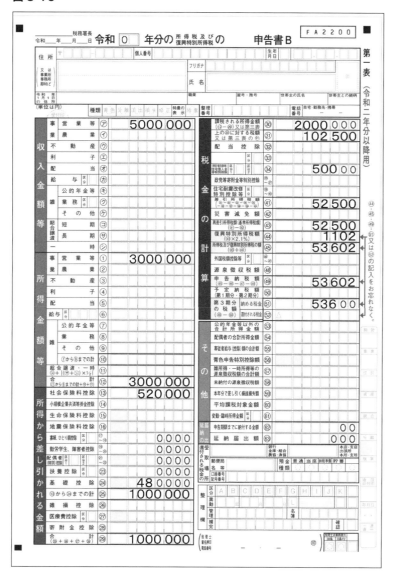

Q4. 売上の計上はいつ、いくらで？

A4. 売上を計上するタイミングは、商品の販売であれば商品を引き渡した日、サービスであればサービスを提供した日で計上します。報酬から源泉徴収されている場合は、徴収される前の報酬額を売上とします。

⑴売上計上のタイミング

　例えば、来年開催するセミナーの参加費が年内に振り込まれたら、今年の売上にしますか、それとも来年の売上にしますか。

　個人事業の会計期間は1月1日〜12月31日です。年をまたぐこのような取引については、年内の売上にするか、それとも来年の売上にするかで、その年の売上金額が変わります。誤った処理をすると、正しい所得税の計算がされませんので、「いつ計上するか」は大切な判断になります。

　このケースでは、来年の売上にします。

　なぜなら、お金が振り込まれても、まだサービスは提供されていません。したがって、その契約はまだ確定していないと考えます。

　このようにお金のやり取りに関係なく、取引が発生した事実に基づいて収支を計上することを「発生主義」といいます。

　逆に、お金の動きに合わせて取引を記録する方法を「現金主義」といいますが、「現金主義」で記帳するためには事前に届出が必要です。

　では、12月に販売した商品の代金を、翌年1月に入金してもらう場合は、いつ売上に計上すべきでしょうか。

　この場合は、今年の売上にします。

　お金はまだ受け取っていませんが、商品の売買は成立していますので、お金を受け取る権利が発生しています。発生主義で記帳すると今年の売上として計上することになります。

　このように「発生主義」は商品の販売であれば商品を引き渡した日、サービスであれば役務の提供を行った日が売上の計上日となります。

　売上だけではなく経費も同様に発生主義で計上します。

(2)源泉徴収されている場合

　企業などから報酬を得ているフリーランスの方などは、報酬から源泉徴収されて、差額が口座に振り込まれていると思います。このような場合は、口座に振り込まれた金額を売上として計上すべきでしょうか、それとも源泉徴収される前の報酬額を売上とすべきでしょうか。

　この場合は源泉徴収される前の報酬額を売上とします。

　例えば、5万円（消費税別）の報酬を受け取る場合、次のような計算がされます。

図5-11

業務委託料	５０,０００円	
消費税	＋５,０００円	
源泉所得税	−５,１０５円	（業務委託料×１０.２１％）
差引支給額	４９,８９５円	（振込金額）

　支払われる金額は49,895円ですが、この場合売上は消費税を合わせた55,000円になります。

　なお、源泉徴収されている所得税は、所得税の前払いですので、確定申告をして精算する必要がありますので、源泉徴収された金額は正確に把握できるようにしておきましょう。

　青色申告をする人など複式簿記で記帳している人は問題ありませんが、収支だけの簡易な帳簿をつけている人は、売上台帳をつけて管理すると良いでしょう。

Q5. 何が必要経費になるの？

A5. 必要経費になるものは「事業を行い収入を得るために必要とした費用」です。商品の仕入原価や材料費などの販売費だけでなく、自宅で仕事をする人であれば自宅の家賃や電気代、スマホ代などの管理費も必要経費になる場合があります。

(1)必要経費の範囲

必要経費については所得税法では次のように定められています。

①総収入金額に対応する売上原価その他の総収入金額を得るために直接要した費用の額

②その年に生じた販売費、一般管理費その他業務について生じた費用の額

つまり「事業で収入を得るために必要とした費用」ということだけで、細々と「経費になるならない」と決められているわけではありません。「事業で収入を得るために必要とした費用」といわれてもピンとこないという人は、「もし事業を営んでいなかったら、この支出は必要だっただろうか？」と自問してみて、常識的に考えて「この仕事をしていなければ必要ない支出」と思われる費用が必要経費と判断してはいかがでしょうか。

友人とおしゃべりするための「お茶代」は事業と関係ありませんので必要経費にはなりませんが、仕事の打ち合わせのための「お茶代」は必要経費と考えられます。「何のために必要だったか」を考えてみてください。

例えば「仕事のためにブログを書いている」という方はインターネット環境を維持する費用の一部も必要経費と考えられます。自宅サロンとして一室を専用のお部屋にしている方は自宅の家賃の一部が必要経費にできる可能性があります。

(2)勘定科目とは

勘定科目とは「交通費」「広告宣伝費」「消耗品費」など支出と事業との関連性をわかりやすく分類したものです。

この勘定科目についても明確な決まりがあるわけではありません。電車代を「交通費」としても「旅費交通費」としても構いません。科目名は好きなようにつけて良いのです。

ただし、確定申告の際には、「収支内訳書」を作成し、確定申告書と一緒に税務署に提出します。

「収支内訳書」は1年間の収入と必要経費の内訳を記載した書類で、経費について18種類の勘定科目が記載されています。

図5-12　収支内訳書の収支記入欄

令和　　年　　月　　日　　　　　　　　　　　　（自 ☐ 月 ☐ 日 至 ☐ 月 ☐ 日）

科　目	金　額 (円)	科　目	金　額 (円)
収入金額　売上(収入)金額 ①		旅費交通費 ㋥	
家事消費 ②		通信費 ㋭	
その他の収入 ③		広告宣伝費 ㋬	
計 (①+②+③) ④		接待交際費 ㋣	
売上原価　期首商品(製品)棚卸高 ⑤		損害保険料 ㋠	
仕入金額(製品製造原価) ⑥		修繕費 ㋷	
小計(⑤+⑥) ⑦		消耗品費 ㋦	
期末商品(製品)棚卸高 ⑧		福利厚生費 ㋕	
差引原価(⑦-⑧) ⑨		㋾	
差引金額(④-⑨) ⑩		㋻	
経費　給料賃金 ⑪		㋕	
外注工賃 ⑫		㋯	
減価償却費 ⑬		㋫	
貸倒金 ⑭		雑費 ㋹	
地代家賃 ⑮		小計(⑪～⑭までの計) ⑰	
利子割引料 ⑯		経費計(⑯～⑱までの計) ⑱	
その他の経費　租税公課 ㋑		専従者控除前の所得金額(⑩-⑱) ⑲	
荷造運賃 ㋺		専従者控除 ⑳	
水道光熱費 ㋩		所得金額(⑲-⑳) ㉑	

　最終的に作成するのはこの書類ですから、収支内訳書の勘定科目に合わせて帳簿をつけておいたほうが、作業に無駄がありません。

　なお「収支内訳書」の福利厚生費㋕の後㋾から㋫まで5つほど空欄になっています。ここに必要な科目を自分で加えることができます。

　例えば、打ち合わせのときのお茶代や弁当代などの「会議費」、研修に参加したときの「教育費」、仕事関連書籍を購入したときの「図書費」など追加されてはいかがでしょうか。

　青色申告者の場合は、「収支内訳書」に代わり「損益計算書」を提出します。

　書類の見た目は異なりますが、使用されている勘定科目は収支内訳書と同じです。

　後に青色申告をするようになっても勘定科目の一貫性は保たれます。

では、これらの勘定科目について、どのような支出が該当するのか見ておきましょう。下表の雑費までが収支内訳書に記載されている科目です。

図 5-13

勘定科目	内　　　容
売上原価	商品を仕入れ、もしくは製造するときにかかる費用
給料賃金	従業員に対する給与・賞与及び現物支給した費用
外注工賃	業務委託や修理加工など外部に注文して支払った場合の加工賃
減価償却費	建物や車両などの償却資産について当期に経費計上する金額
貸倒金	売掛金などについて回収不能となった債権
地代家賃	店舗・事務所など敷地の地代や建物の家賃、月極駐車場代など
利子割引料	事業用の借入金の支払利子や受取手形の割引料
租税公課	事業税及び事業遂行上の固定資産税、自動車税、印紙税、消費税など
荷造運賃	商品などの発送のために要した包装材料、運賃など
水道光熱費	事業用に使用した水道料、電気代、ガス代など
旅費交通費	仕入や販売その他業務活動遂行のために要した交通費、宿泊費など
通信費	事業用の電話代、はがき代、切手代など
広告宣伝費	インターネット広告やチラシ、リーフレットなどに要した印刷代など
接待交際費	得意先や仕入先その他事業に関連する者に対する接待贈答などの費用
損害保険料	事業用資産に対する火災保険料、事業用の賠償責任保険料など
修繕費	事業用の建物や機械器具などを修理した場合の維持補修費用など
消耗品費	事務用品、使用可能期間が 1 年未満または 10 万円未満の備品など
福利厚生費	従業員の社会保険料の事業主が負担する費用、社員旅行の費用など
支払手数料	税理士や社労士等の報酬や手数料、金融機関への振込手数料など
雑費	他の勘定科目にあてはまらない少額な費用
会議費	打ち合わせのための飲食代や会場費、弁当代など
教育費	事業のための研修参加費や教材費など
図書費	事業に必要な書籍購入費など
諸会費	業務に関連して加入している協会などの団体に支払う会費

Q6. 売上原価はどう計算するの？

A6. 去年から持ち越した在庫と今年仕入れた金額から、年末に売れ残っていた在庫の金額を引いて、その年に売れた原価を計算します。

⑴売上原価とは

　売上原価とは商品を仕入れて販売する方や、材料を仕入れて加工し販売する方が計上する費用です。サービス業には発生しません。

　例えば、料理教室で使用する食材は売上原価ではなく、消耗品として計上します。一方、食事を提供する飲食店の食材は売上原価になります。

⑵売上原価の計算方法

　売上原価とは、売れた商品の原価です。

　仕入れたものが1年間で全て売れたら「仕入金額＝売上原価」となりますが、通常は前年から繰り越したり、売れ残りが発生したりします。そこで、前年から繰り越した在庫（期首棚卸高）と今年仕入れた分（仕入高）の合計から、年末に売れ残った原価（期末棚卸高）を引くことで、今年売れた分の原価（売上原価）を算出します。

　例えば、期首に20万円の商品在庫があり、今年100万円仕入れ、年末に40万円の在庫があれば、売上原価は80万円となります

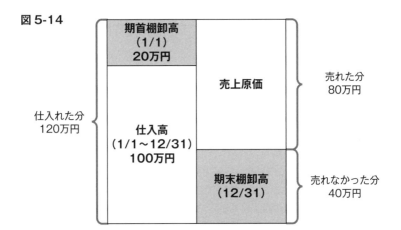

図 5-14

このように売上原価の計算自体は決して難しくありません。しかし、大変なのは棚卸です。

期末棚卸高が翌年の期首棚卸高になりますので、年に一度、年末に売れ残った分の仕入れ原価を把握する必要があります。

一つひとつ明確に原価が区分されていれば把握しやすいと思いますが、ハンドメイド作家のように生地を仕入れて必要に応じて使用したり、多種類の小さなビーズを材料にしていたり、在庫がどれだけあるか正確に把握することは難しい仕事もあると思います。

アクセサリーの製作販売をしている方が、細かなパーツの在庫把握方法についてタックスアンサーで相談したところ、「重さや体積などで大体の残量を目安に、仕入代金を案分して計算してはどうか」とアドバイスを受けたそうです。「私の場合はどうすればいいの？」とお悩みの方は所轄の税務署またはタックスアンサーへ相談してください。

Q7. 友達に手伝ってもらった謝礼は給料になるの？

A7. 人件費にまつわる科目には「給与賃金」「外注工賃」「支払手数料」などがあります。単発で手伝ってもらった場合は、支払手数料などで計上します。

家族以外の人に仕事を手伝ってもらう場合は必要経費になります。

定期的に仕事に従事してもらうのか、一時的に手伝ってもらうのか、あるいは業務委託という形で依頼するのか、仕事の依頼の方法や頻度によって「給与賃金」「外注工賃」「支払手数料」と計上の方法が異なります。

(1)給与賃金になるケース

従業員を雇用して給与や手当を支払った場合は給与賃金となります。

・週何日など定期的に働いてもらい支払うパート代

・毎月、月末の作業に従事してもらい支払うアルバイト代

給与を支払う場合は、源泉徴収の義務が発生します。また、一人でも従業員を雇用すれば労災保険に加入する必要があります。さらに個人事業主であっても状況によっては雇用保険、厚生年金保険、健康保険に加入し、従業員の保険料を半分負担する必要があります。

(2)支払手数料になるケース

単発で仕事を手伝ってもらった謝金や、専門家への報酬は支払手数料になります。

例えばこんなケースが該当します。

・イベントのときだけ手伝ってもらった謝金

・セミナーを主催して講師に支払った講師料

・専門家に支払うコンサル報酬や相談料

(3)外注工賃になるケース

案件ごとに業務を委託する場合は外注工賃になります。

・ホームページを外注して製作してもらった費用

・人材を派遣してもらった費用

・外注して修理加工をしてもらった費用など

Q8. 家族に給料を払ってもいいの？

A8. 家族に給料を払っても、原則、必要経費にはなりません。しかし、白色申告であれば「専従者控除」として一定額まで控除を受けることが

できます。また、青色申告であれば「青色専従者給与」として実際に
支払った給与額を必要経費にすることができます。

⑴事業主の給料は？

「事業主は給料をもらっていいの？」とよく尋ねられます。

　自分で稼いだお金ですから、引き出して自由に使ってもらって問題はあり
ません。

　ただし、給料として引き出したお金は必要経費にはなりません。

　したがって、白色申告の方はこのお金の出入りを記帳する必要はありませ
ん。

　青色申告で55万円・65万円控除を受ける方は、引き出したことによって預
貯金が減りますので、「事業主貸」として記帳する必要があります。

　事業主が生活資金を引き出す場合は、家計管理の観点から、頻度や金額を
決めて引き出すようにされることをお勧めします。

　また、生活費は夫の収入で賄えるという主婦起業家さんの場合、イベント
支出（旅行や趣味的な買い物）用にいくら、貯蓄用に毎月いくらと、目標を
明確にしてはいかがでしょうか。

　ただ、漠然と仕事をして収支を記録するのではなく、「家族で旅行にいく
費用を稼ぎ出す！」とか「毎月2万円の積立投資をする」など目標を明確に
したほうが、利益に結び付くようです。

　手帳に毎月売上目標を記入し、日々の達成度を意識していたら、顧客が増
え目標額を達成できるようになったサロン経営者もいました。

　仕事をするからにはお金に「意識」を向けることは大切ですね。

⑵家族への給料は？

　配偶者や子どもなど一緒に暮らす家族に給料を払っても、原則、必要経費
にはなりません。しかし、白色申告であれば「専従者控除」として控除を受
けることができます。また、青色申告であれば「青色専従者給与」として事
前に届出ることで実際に支払った給与額を必要経費にすることができます。

　専従者となるためには次の要件を満たす必要があります。

・生計を一にする配偶者またはその他親族であること
・その年の12月31日現在で15歳以上であること
・その年を通じて6カ月を超える期間(※)、事業に専ら従事していること

　　　　　　※従事可能期間が1年に満たない場合は2分の1を超える期間

　専従者の給与の支払いについては、白色申告と青色申告とで次のような違いがあります。

①白色申告の専従者控除

　白色申告の方が家族に専従者として給料を支払った場合、「専従者控除」として所得から給与額を差し引くことができます。支払額は配偶者であれば年間86万円まで、その他の親族であれば年間50万円までと上限があります。

　専従者控除を受けるには事前に届出の必要はありません。

②青色申告の専従者給与

　青色申告の方が家族に専従者として給料を支払った場合、「専従者給与」として必要経費に計上することができます。その金額に上限はありませんが、事前に届出が必要です。金額については業務に照らして常識的な範囲で設定します。

図 5-15

	白色申告	青色申告
名称	専従者控除	青色専従者給与
手続き	不　要	要届出
金額 (年間一人当たり)	配偶者 上限86万円 配偶者以外 上限50万円	届出額　(上限なし)

　なお、専従者となった家族については、配偶者控除や扶養控除が受けられなくなります。

Q9. 減価償却費ってなに？

A9. 長期にわたり使用する高額な資産は、使用期間で案分して経費として計上するという会計上のルールを減価償却といい、経費計上する際の勘定科目を減価償却費といいます。

⑴減価償却費とは？

減価償却費は勘定科目の中で最もわかりにくい科目かもしれません。

まず、減価償却とは何かということについて簡単に紹介します。

例えば80万円の機械を購入して仕事をしたとします。これにより4年間、毎年100万円の収入を得ました。

もし、この機械の購入代金の全額を1年目に経費として計上すると、1年目のもうけは20万円、2年目以降は100万円ということになります。

しかし、80万円の機械は2年目以降の売上にも貢献していますので、これでは期間損益が正しく計算されているとはいえなくなります。

そこで、高額で会計期間を超えて使用する資産は、購入した年に一度に経費化するのではなく、耐用年数に分けて経費化します。この会計上の考え方を減価償却といい、経費計上する際の勘定科目が「減価償却費」です。

⑵減価償却資産とは？

では、どのような資産が減価償却資産となるのでしょうか。

減価償却をすべき資産は次の①〜③の条件を備えたものです。

①ときの経過や使用によって価値が減っていくもの

②使用期間が1年を超えるもの

③取得価格が10万円以上のもの

では、次の中で減価償却資産になるものを全て選んでください。

図5-16

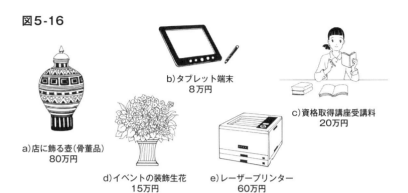

b) タブレット端末
8万円

c) 資格取得講座受講料
20万円

a) 店に飾る壺（骨董品）
80万円

d) イベントの装飾生花
15万円

e) レーザープリンター
60万円

　a）店に飾る壺（骨董品）は、時間の経過とともに価値が減るものではありません。骨董品はむしろ古くなるほど価値が上がる性質の資産ですので、減価償却資産ではありません。

　b）タブレット端末は10万円に満たないので、減価償却費ではなく、消耗品として経費にして構いません。

　c）資格取得講座はサービスであり、資産ではありませんので、減価償却資産ではありません。

　d）イベント用の装飾生花は、1年を超えて使用できる資産ではありません。これも減価償却資産ではありません。

　この中ではe）レーザープリンターだけが減価償却資産です。

⑶減価償却費の計算方法

　減価償却費の計算方法には「定額法」と「定率法」がありますが、原則は「定額法」です。「定率法」を選択するためには事前の届出が必要です。

　例えば20万円のパソコンを購入した場合、計算の方法は次の通りになります。

①定額法（平成19年4月1以降に取得した減価償却資産）

　取得した価格を耐用年数で割って1年あたりの減価償却費を求めます。

　耐用年数とは、「使用できる年数」のことですが、実際の使用年数とは異なります。

耐用年数はパソコンは4年、自転車は2年などと定められていて、国税庁のサイトで確認することができます。

　なお、償却資産を廃棄するまでは、備忘価格として1円は償却しないことになっています。4年間の減価償却費は下図のように計上します。

図5-17

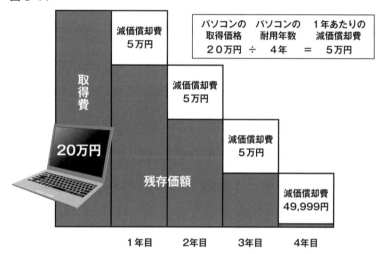

　ただし、このパソコンを7月に取得した場合は、1年目の減価償却費は保有期間の半年分だけ計上し、5年目に残りの金額を償却します。

　また、もともと持っていたパソコンを使って事業を始めるという場合や、家族が使っていたパソコンを途中で譲り受けて、事業に使用するという場合も、購入から耐用年数（4年）が経過していなければ、耐用年数の残りの期間について減価償却費を計上することができます。

②**定率法**（平成19年4月1以降に取得した減価償却資産）

　残存価格に一定の率をかけて減価償却費を計算する方法を定率法といい、定額法より早く償却することができるため、資金繰りの面ではメリットがあるといわれます。

定率法で減価償却を行うには「所得税の減価償却資産の償却方法の届出書」の提出が必要です。

⑷少額な減価償却資産の特例

10万円以上の資産は耐用年数で減価償却を行いますが、次のような特例もあります。

①20万円未満の一括償却資産の特例

1組あたりの取得価格が10万円以上20万円未満の減価償却資産は、通常の減価償却の方法に加えて3年均等償却を選択することもできます。

例えば、12万円のパソコンであれば、耐用年数（4年）で償却するか、一括償却資産の特例を利用して3年で均等償却するか個別に選択することができます。

図5-18

通常の減価償却費	1年	2年	3年	4年
	3万円	3万円	3万円	29,999円

一括償却資産の特例	1年	2年	3年
	4万円	4万円	4万円

※残存価額なし

一括償却資産の特例（3年均等償却）を選択する場合、事前に届け出る必要はありません。

また、年の途中で取得したとしても、3年で均等に償却することができますが、年の途中で開業したという場合は事業期間分のみを計上することになります。

②青色申告者の少額減価資産の特例（2022年3月31日まで）

青色申告者は、取得価格が30万円未満の減価償却資産であれば、全額を経費にすることができます。（1年間の合計額の上限300万円まで）

減価償却費の申告方法をまとめると次の図のようになります。

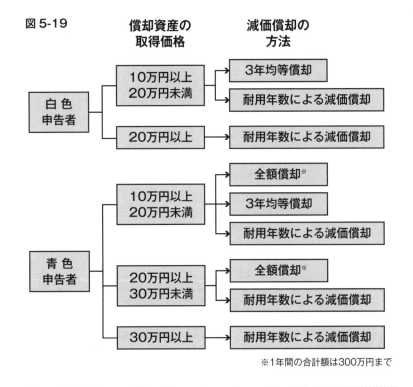

図 5-19

償却資産の取得価格	減価償却の方法

白色申告者

10万円以上20万円未満
- 3年均等償却
- 耐用年数による減価償却

20万円以上
- 耐用年数による減価償却

青色申告者

10万円以上20万円未満
- 全額償却※
- 3年均等償却
- 耐用年数による減価償却

20万円以上30万円未満
- 全額償却※
- 耐用年数による減価償却

30万円以上
- 耐用年数による減価償却

※1年間の合計額は300万円まで

Q10. 自宅の家賃や光熱費も経費にできる？

A10. 自宅を店舗や事務所に使用している場合、家賃などの一部を必要経費にできる可能性があります。賃貸の場合は家賃などを、持家の場合は建物の減価償却費などを、事業割合で案分して計上します。

(1)自宅の家賃を経費にできるケース

　自宅の一室を事務所にしたり、自宅でサロンを開いたり、自宅で開業する場合は自宅の家賃などが、仕事とプライベートの両方にかかる「家事関連費用」と考えられます。

　「家事関連費用のうち必要経費になるのは取引の記録などに基づいて、業務

遂行上直接必要であったことが明らかに区分できる場合のその区分できる金額に限られる」と定められています。

したがって、自宅を必要経費とするには、2つの要件を満たしている必要があります。

　・業務の遂行上必要であること

　・プライベートと事業スペースを明確に区分できること

　自宅が経費にできるか否かは、事業専用スペースとして使用しているかどうかがポイントになります。「自分の場合はどうか？」と迷われたときは、税務署またはタックスアンサーにお問い合せ下さい。

　例えば、下の間取り図のように一室20㎡を事業専用として使用していた場合、住居全体の面積100㎡に対する事業割合は20％となります。

図 5-20

　自宅が賃貸であれば家賃の20％、持ち家であれば建物の減価償却費の20％、その他住居関連費用の20％を必要経費とすることができます。

経費の計上方法は、建物の所有状況で異なりますので、賃貸と持家に分けて紹介します。

(2)賃貸の場合

賃貸の場合は家賃や管理費に事業割合をかけた金額が「地代家賃」となります。

先ほどのマンションの賃料（管理費込み）が15万円／月であったとしたら、3万円／月が経費となります。

15万円×20㎡／100㎡＝3万円

このとき、本人ではなく配偶者が家賃を支払っていても経費とすることができます。自宅の火災保険料も事業割合をかけて、「損害保険料」として経費計上することができます。

(3)持ち家の場合

持家の場合は、建物の減価償却費に事業割合をかけた金額を経費とすることができます。

例えば、先ほどのマンションの購入代金のうち建物部分が2,350万円（耐用年数47年）であれば、減価償却費（定額法）が50万円／年となります。

このうちの20％ですから、減価償却費10万円／年を必要経費とすることができます。

建物の減価償却費：2,350万円÷47年＝50万円／年
減価償却費の事業分：50万円／年×20㎡／100㎡＝10万円／年

なお、住宅ローンを返済していれば金利部分も事業割合に応じて必要経費とすることができます。また固定資産税や火災保険料も同じく事業割合をかけて「租税公課」「損害保険料」として経費計上することができます。

持家の場合も建物やローンの債務者、保険の契約者の名義が配偶者であっても、経費として計上することができます。

　ただし、住宅ローン控除を受けている場合は、注意が必要です。

　住宅ローン控除はマイホームとして使用する自宅に対する控除ですので、事業用として経費計上すると、住宅ローン控除の控除額が減額されます。

　上記の例であれば、20％が事業用ですので、住宅ローン控除額は2割減額することになります。

　以上をまとめますと、自宅関連費用として計上できる科目は下表のようになります。

図5-21　自宅を事業用に使用する場合の勘定科目

勘定科目	賃貸の場合	持家の場合
地代家賃	家賃　管理費・共益費	－
管理費		管理費・共益費　修繕積立金
減価償却費	－	建物の減価償却費
支払利息	－	住宅ローンの利息
損害保険料	火災保険料	火災保険料
固定資産税	－	固定資産税

⑷水道光熱費、通信費の家事関連費用

　自宅を事業用に使用する場合、電気料金や水道料金、ガス料金も必要経費にできる可能性があります。自宅で事務作業をする際にも、照明、パソコン、エアコンなど電気器具を使用すると思います。どの程度事業に使用しているか自分で事業割合を考えて、請求金額を案分して計上します。

　例えば、電気については、1日16時間を点灯していて、毎日4時間は仕事をしているという場合、25％が事業割合と考えられます。このように説明がつく割合にしておきましょう。通信費、水道光熱費の家事関連費用については以下のようなものが考えられます。

図 5-22

勘定科目	家事関連費用	案分基準
通信費	a) 電話、スマホ使用料	使用割合など
通信費	b) プロバイダー費用などネット環境	使用割合など
水道光熱費	c) 電気代	使用割合など
水道光熱費	d) 水道代	使用割合など
水道光熱費	e) ガス代	使用割合など

Q11. 自家用車も経費にできるの？

A11. 自家用車を事業に使用している場合、使用割合に応じて、車両の減価償却費や駐車場代、自動車税や車検代などの維持費用、そしてガソリン代などが必要経費になります。

⑴自家用車にまつわる経費

　車をプライベートにも事業にも使用している場合、車両の減価償却費、駐車場代、自動車税、車検代、自動車保険の保険料、ガソリン代なども事業の使用割合に応じて必要経費にすることができます。

図 5-23

自動車関連費用	勘定科目	計上方法
a) 車両の取得費	減価償却費	事業割合
b) カーローンの利息	利子割引料	
c) リース料	リース料	
d) 自動車税	租税公課	
e) 車検代	印紙や重量税 ➡ 租税公課 自動車保険 ➡ 保険料 修理費 ➡ 修繕費または車両費 点検・整備手数料 ➡ 支払手数料または車両費	
f) 自動車保険の保険料	損害保険料	
g) ガソリン代	旅費交通費	
h) 駐車場代	月極➡地代家賃	
	時間貸➡旅費交通費（※領収明細書）	領収明細書通り
i) 高速料金	旅費交通費（※領収明細書）	

　自動車関連費用のうちa）車両の取得費からg)ガソリン代については、使用頻度から事業への使用割合を考えます。

　1週間のうちに2日事業に使用しているという方でしたら、2／7が事業割合ということになります。

　例えば、年初に取得費210万円の普通乗用車を購入した場合、耐用年数は6年ですので、減価償却費（定額法）は次のように計算します。

図 5-24

車両の取得費		耐用年数		事業割合		1年あたりの減価償却費
210万円	÷	6年	×	$\dfrac{2}{7}$	=	10万円

　なお、「今年は儲かったので、車でも買い替えようか」と年末に節税策を考える方もいますが、12月に慌てて車を購入しても、上記の減価償却費の12

分の1が今年の経費となります。

　駐車場代や車検代などもかかった費用に対して事業割合をかけて経費となる金額を計算します。

図 5-25

年間の駐車場代		事業割合		地代家賃
12万円	×	$\dfrac{2}{7}$	=	約3.4万円

　h）時間貸の駐車場代とi)高速料金については、領収書やクレジットの明細などで取引が確認できると思いますので、事業分のみ計上することが可能です。

⑵こんな場合は対象になるの？

①家族名義の自家用車の場合

　自家用車が配偶者など家族名義であっても、事業に使用していれば使用割合で案分して経費に計上することができます。

　夫名義の自家用車を妻が仕事に使用する場合、車両本体だけでなく夫名義の保険や自動車税も同じく経費に計上できます。

②所有していた車両を事業に使用する場合

　耐用年数は取得したときからカウントしますので、耐用年数の残期間分の減価償却費を経費として計上することができます。

　6年以上経過した車両の取得費を減価償却費とすることはできません。

　例えば、3年前に210万円で取得した普通自動車を事業割合2／7で経費計上する場合は、1年あたり10万円の減価償却費を残りの3年計上することができます。

　なお、車の減価償却費の計上が終了しても、自動車税、保険料、駐車場代など車両関係費用は経費として計上することが可能です。

③中古車を購入した場合

中古車を購入した場合の耐用年数は以下のようになります。

・耐用年数がすでに経過している車両……2年

・耐用年数の一部が経過した普通自動車および軽自動車

（新車購入時の耐用年数－経過年数）＋経過年数×20％（1年未満切り捨て）

例えば、3年落ちの普通自動車を購入した場合の耐用年数は次のようになります。

（6年－3年）＋3年 ×20％＝3年（1年未満切り捨て）

取得費が210万円で事業割合が2／7であるとすると、減価償却費（定額法）は次のようになります。

210万円÷3年×2／7＝200万円／年

Q12. 勉強代も経費にできるの？

A12. 仕事に必要な技術や知識の習得を目的として参加する研修・セミナー代や教材費は必要経費になります。

⑴教育費の対象となる費用

趣味が高じて仕事になったという方の中には、「まさか講習代が経費になると思わなかった」という方もいます。

仕事に必要なスキルの向上や知識のアップデートを目的として学ぶ場合、それらの費用は「教育費」として必要経費になります。

「教育費は従業員を教育するための費用だと思っていた」という方もいますが、事業主本人の教育費も必要経費になります。

教育費には次のような費用が含まれます。

a）セミナー、研修、講習会の参加費

b）テキストなど教材費

c）研修旅行の旅費

対象となるか否かのポイントは「業務に必要であること」ですが、現在の

事業に直接役立つものでなくても、新たなサービスを作り出すためや、既存のサービスに付加価値をつけるなどの目的であれば、対象になります。

　収支内訳書の経費の欄に「教育費」は記載されていませんので、必要な場合は追加してください。その際、科目名は「教育費」「教育研修費」「採用教育費」など自由に決めて構いません。

⑵開業前の資格取得のための教育費

　資格をとって開業する方も多いと思いますが、開業前の勉強代は「教育費」にはなりません。この場合、開業準備のために要した費用として「開業費」になる可能性があります。

「開業費」は、開業日以前の経費をまとめて一旦資産（繰延資産）として計上し、開業後に経費として償却します。償却の方法は「任意償却」といい、いついくら償却しても良いことになっています。

「今年は利益がないから償却しないでおこう」「今年は利益が出そうだから半分償却しよう」というように任意のタイミングで任意の金額で経費化することができます。

Q13. お茶代やランチ代も経費にできるの？

A13. 打ち合わせのための飲食代や、事業に関連する付き合いのための飲食代は、必要経費になります。打ち合わせの飲食代は「会議費」、事業に必要な付き合いの飲食代は「交際費」として計上します。

⑴会議費になるもの

　個人事業やフリーランスの方は、仕事の打ち合わせにカフェやレストランなど飲食店を利用することも多いと思います。このような打ち合わせのための飲食費用は「会議費」となります。

　会議用のお茶や弁当代、会場や備品のレンタル代も会議費になります。

⑵交際費になるもの

　交際費は、「得意先、仕入先その他事業に関係がある者に対する接待、供

応、慰安、贈答その他これらに類する行為のために支出する費用」と定められています。

　具体的には接待の飲食代、中元歳暮などの贈答品、取引先への祝い金、お見舞金などがあります。交際費になるか否かは、事業上の必要性があるかどうかがポイントになります。

(3)会議費と交際費の違い

　会議費と交際費の違いは「件名がつくかどうか」と考えてみてください。

　その会食が「○○の件で打ち合わせ」であれば会議費、そうでない仕事上のお付き合いの場合は交際費と判断してはいかがでしょう。

　ただ、個人事業の場合は、事業に必要な支出であれば、会議費、交際費どちらも金額の制限なく税金計算上の必要経費に計上できます。

　会議費であれ交際費であれ「誰と」一緒だったのか、事業との関連が説明できるように打ち合わせの相手や接待の相手の名前を記しておきましょう。

Q14. 領収書がないと経費にできないの？

A14. 領収書がなくても経費を計上することはできます。何らかの理由で領収書やレシートがもらえない場合は、「出金伝票」に必要事項を記載しておきましょう。

(1)領収書がなくても経費を計上することができる場合

　事業主には領収書やレシートを保管しておく義務があります。しかし、領収書やレシートをもらえないケースもあります。次のようなケースでは領収書がなくても経費を計上することができます。

　・バス代や電車代
　・自動販売機で購入した飲料
　・ご祝儀や香典、見舞金
　・インターネットで注文しクレジット払いや銀行振込にした場合

　また、領収書をなくしてしまった場合も経費に計上できる場合があります。

⑵領収書がない場合の計上の方法

①出金伝票

　前述の領収書がもらえないケースでは、出金伝票に次の5つを記載しておきましょう。

・いつ（支出年月日）

・誰に（支出先）：お店の名前や支払った相手

・何に（支出内容）：勘定科目、購入品

・いくら（支出金額）：自分が支払った金額

・なぜ（補足説明）：領収書がない理由など

　例えば、3人で昼食をとりながらセミナーの打ち合わせをし、割り勘で支払った場合、次のように記載します。

図 5-26　出金伝票（記入例）

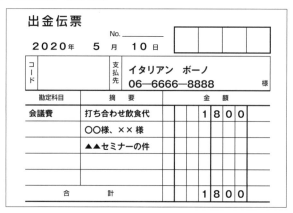

出金伝票は文具店や100円ショップでも購入できます。

　手帳に何枚か入れておいて、領収書をもらえなかった場合は帰りの電車の中で書くようにすることで、忘れない工夫をしている方もいます。

「チリも積もれば山となる」です。支払った経費についてはきちんと計上し

ていきたいですね。

②ネットで購入し領収書がもらえない場合

　本や文房具をインターネット上で購入しているという方も多いと思います。また、セミナー代金を事前に振込み、主催者から領収書をもらえなかったというケースや、動画配信で主催者と直接会うことなく終了するというケースもあります。

　このような場合、代金はクレジットや銀行振込み、コンビニ払いなど何らかの方法で支払っていると思います。

　メールなどで届いた振込先や金額、商品名が記載された案内文を印刷して保管しておきましょう。

　クレジット払いであれば支払明細書、銀行振込みであれば振込票など支払った事実が確認できるものと、合わせて保管しておけば「請求」と「支払」の証明書類になります。

Q15. クレジットカードで払ってもいいの？

A15. 支払い方法がクレジット払いであっても事業に必要な支出であれば必要経費になります。

　クレジット払いの場合、購入と決済のタイミングにズレが生じますが、経費の計上は発生主義で行います。

⑴支払方法と経費計上

　クレジット払いや○○ペイなどのキャッシュレス決済を利用して事業に必要な物品を購入したり、打ち合わせの飲食代を支払うことがあると思います。支払方法に関係なく、事業に必要な支出は必要経費になります。

⑵クレジット払いの経費計上のタイミング

　例えば、本をネットで購入した場合、経費として計上するのは、次のうちどのタイミングだと思いますか。

ａ）発注したとき

ｂ）本が到着したとき

ｃ）代金が引き落とされたとき

答えは、ａ）発注したときです。

発注した段階で、売買が成立しています。

本を受け取る債権と代金を支払う債務が発生していますので、発生主義の原則に基づいて発注したときが会計上の経費計上のタイミングということになります。

発注した後に送られてくる確認メールなど、取引の内容がわかるものを印刷しておきましょう。

⑶金額の明細がその場でわからないときは

例えば、高速料金をクレジット払いにしている方など、クレジットの明細を見て後で金額を知るということもあると思います。

その場合は、後付けになりますがクレジットの明細に記載されている日付で帳簿に記載してください。

12月に購入したものが、翌年2月に引き落とされるというように年をまたぐ場合、忘れずに12月の経費として計上しておく必要があります。

確定申告の時期までには年末のクレジットの明細を確認できると思いますので、明細を見て記帳するといいですね。

⑷クレジットの引き落とし口座がプライベートの場合

できれば事業用とプライベート用にクレジットカードを分けておかれるほうが、管理しやすいと思います。

しかし、プライベートなクレジットカードや家族のクレジットカードで支払っても、必要経費として計上して問題はありません。

この場合、青色申告の場合は、支出の相手方科目として「事業主借」という勘定科目を使って、経費を計上します。

第6章

【記帳と申告Q&A】
帳簿のつけ方と
確定申告のポイント

Q1. 帳簿ってどうやってつけるの？

A1. 小遣い帳のようなイメージで、収入と支出を記録していきます。確定申告の際には勘定科目ごとに年間の収支計算をする必要がありますので、集計がしやすいよう工夫しておきましょう。

(1)帳簿をつける目的

帳簿は何のためにつけるのでしょうか。それは、1年間の収支を明らかにし、所得を計算するためです。

そのためには事業の収入と支出をもれなく記録し、決算時には「収支内訳書」※を作成し勘定科目ごとに年間の金額を集計します。

（※青色申告の場合は「損益計算書」「貸借対照表」）

収支内訳書は事業の成績表のようなもので、1年間で「いくら売上があって、どんな経費にいくら使って、いくらもうけたか」を明らかにする決算書類です。

確定申告の際には確定申告書とともに税務署に提出します。帳簿作成のゴールは収支内訳書の作成です。

図 6-1

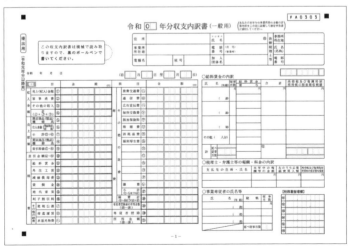

⑵帳簿のつけ方

「帳簿」と言うと何か難しく感じるかもしれませんが、小遣い帳のようなものだと思ってください。白色申告の場合、記録する内容は次の4つです。

- ・日　　付：取引があった日
- ・勘定科目：取引内容をわかりやすく分類したもの
- ・金　　額：取引の総額
- ・適　　用：事業との関連性がわかるよう取引内容と取引の相手などを記入

例えば、「6月1日、カフェで打ち合わせを行い喫茶代500円を支払った」という取引は、次のように記帳します。

図6-2

日付	勘定科目	金額	適用
6／1	会議費	500	△△カフェ／○○様××の件打合せ飲食代

下のようにノートに日々の取引を記帳しても帳簿としては認められます。

図6-3

日付	勘定科目	金額	適用
6／1	会議費	500	△△カフェ／○○様××の件打合せ飲食代
6／1	交通費	600	◇◇電車／××駅～××駅往復
6／2	消耗品費	1,600	△△文具店／文房具等
6／4	通信費	120	××郵便局／切手代
6／5	売上	165,000	□□株式会社／研修講師料
6／5	交通費	1,200	◇◇電車／××駅～××駅往復
6／5	諸会費	11,000	□□協会／□□協会会員年会費

しかし、このような記帳方法では集計が大変になりそうです。

例えば、1年間の交通費を集計するためには、交通費だけ拾って電卓で計算する必要があります。上記の5日間でも2つあります。これを1年分合計しようとすると、「何度電卓をたたいても合計が合わない」と確定申告を前に

イライラしている様子が目に浮かびませんか。

そこで、次のような簡易帳簿を作成してはいかがでしょうか。

図 6-4

① 年 月 日	② 摘要	③ 売上	④ 雑収入等	⑤ 仕入	経費 ⑥ 給料賃金	⑦ 外注工賃	⑧ 減価償却費	⑨ 貸倒金	⑩ 地代家賃	⑪ 利子割引料	⑫ 租税

出所：国税庁 帳簿の記帳のしかた

勘定科目ごとに金額を分けて記入しておけば集計がしやすくなります。

表計算ソフトで作成すれば、合計を自動計算させることができます。

ただし、全ての勘定科目を横に並べると、金額を入力する作業が不便に感じられるかもしれません。そこでエクセル形式の簡易帳簿（白色申告・青色申告の特別控除10万円まで対応）を本書の付録としてご用意しました。

入力するセルはA～Dまでのセル（白い部分）のみです。Dに入力した金額が各勘定科目のセルに反映されます。

図 6-5

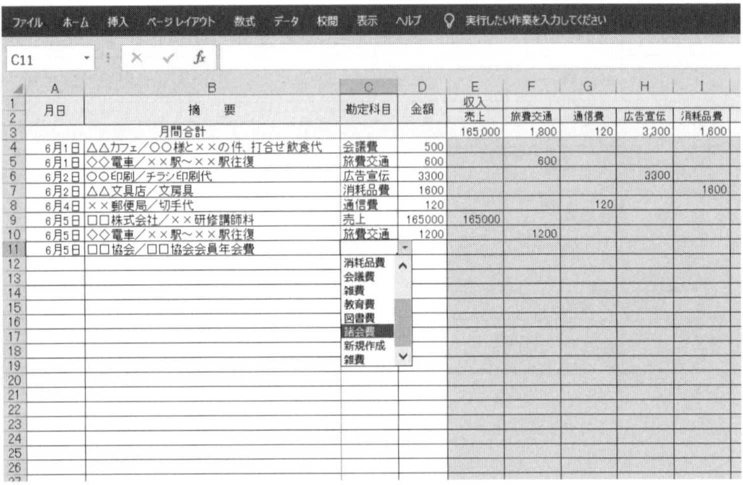

	A	B	C	D	E	F	G	H	I
1–2	月日	摘　要	勘定科目	金額	収入 売上	旅費交通	通信費	広告宣伝	消耗品費
3		月間合計			165,000	1,800	120	3,300	1,600
4	6月1日	△△カフェ／○○様と××の件、打合せ飲食代	会議費	500					
5	6月1日	◇◇電車／××駅～××駅往復	旅費交通	600		600			
6	6月2日	○○印刷／チラシ印刷代	広告宣伝	3300				3300	
7	6月2日	△△文具店／文房具	消耗品費	1600					1600
8	6月4日	××郵便局／切手代	通信費	120			120		
9	6月5日	□□株式会社／××研修講師料	売上	165000	165000				
10	6月5日	◇◇電車／××駅～××駅往復	旅費交通	1200		1200			
11	6月5日	□□協会／□□協会会員年会費							

勘定科目はリストから選ぶだけで、入力する手間もありません。

そして、日々の取引を入力すると、1年間の合計が「収支内訳書」のフォ

ーマットに自動集計されます。

図 6-6

(自 1月 1日 至 12月 31日)

	科 目		金額（円）		科 目		金額（円）
収入金額	売上（収入）金額	①	3,000,000	経費	旅費交通費	ニ	149,600
	家事消費	②			通信費	ホ	128,540
	その他の収入	③			広告宣伝費	ヘ	87,643
	計（①＋②＋③）	④	3,000,000		接待交際費	ト	68,975
売上原価	期首商品（製品）棚卸高	⑤			損害保険料	チ	2,162
	仕入金額（製品製造原価）	⑥			修繕費	リ	
	小計（⑤＋⑥）	⑦		その他の経費	消耗品費	ヌ	76,350
	期末商品（製品）棚卸高	⑧			福利厚生費	ル	
	差引原価（⑦－⑧）	⑨	0		会議費	ヲ	44,688
差引金額（④－⑨）		⑩	3,000,000		図書費	ワ	38,600
経費	給料賃金	⑪			諸会費	カ	24,200
	外注工賃	⑫			教育研修費	ヨ	68,900
	減価償却費	⑬	30,000			タ	
	貸倒金	⑭			雑費	レ	36,742
	地代家賃	⑮	240,000		小計（イ～レまでの計）	⑰	730,000
	利子割引料	⑯			経費計（⑪～⑯までの計＋⑰）	⑱	1,000,000
	その他の経費 租税公課	イ	3,600	専従者控除前の所得金額（⑩－⑱）		⑲	2,000,000
	荷造運賃	ロ		専従者控除		⑳	
	水道光熱費	ハ		所得金額（⑲－⑳）		㉑	2,000,000

　この数字をこのまま収支内訳書に転記すれば、確定申告作業の前半部分である「収支内訳書の作成」が終了します。

　これまでもセミナーの付録として配布してきましたが、簿記の知識がなく数字が苦手という女性に愛用されています。

　使い慣れたエクセルで入力作業がラクラク、確定申告の際は収支内訳書にただ転記するだけの超カンタンな「神帳簿」と喜んでもらっています。

　付録の「超カンタンらくらくエクセル帳簿」のダウンロード方法は巻末をご覧ください。

Q2. 確定申告って何をすれば良いの？

A2. 確定申告は1年間のもうけに対する所得税を自分で計算して申告する作業です。

　　そのために、まず「決算書」を作成し1年間の事業収支から所得を明らかにします。

　　次に「確定申告書」を作成し所得税を計算して、所轄の税務署長に「決算書」と「確定申告書」等を提出します。

⑴確定申告の流れ

「確定申告と言われても一体何をしたらよいのかわからない」「なんだか大変そう」と不安に感じられるかもしれません。

　まず、確定申告の流れを見ておきましょう。

　確定申告は1年間の所得とそれに対する所得税を自分で計算して申告する作業です。

　1年間のもうけを計算する作業が「①決算書の作成」です。

　所得税を計算する作業が「②確定申告書の作成」です。

　決算書と確定申告書に控除証明書類を添えて提出し、納税の必要があれば所得税を納付します。

図 6-7

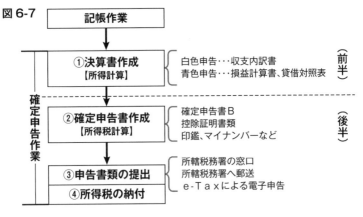

もう少し詳しくそれぞれの作業を紹介します。

①決算書の作成

まず、日々の取引の記録に基づいて、１年間の所得を計算します。

これを「決算」といい、白色申告では「収支内訳書」を作成することです。青色申告では、「損益計算書」と「貸借対照表」を作成します。

ただし、青色申告であっても55万円または65万円の特別控除を受ける必要がなければ、「損益計算書」のみで申告することができます。

「収支内訳書」「損益計算書」については、付録のエクセル帳簿を使用すれば、転記するだけで作成作業が終了します。

②申告書の作成

所得が確定したら、その所得に対する所得税を計算します。

この計算書類が「確定申告書」で、事業所得がある方は「確定申告書Ｂ」を使用します。

確定申告書の書き方は第5章Q3を参照してください。

⑵申告書類の提出

提出する書類は、①決算書と②確定申告書と添付が必要な証明書類です。

図6-8

	白色申告	青色申告
①決算書	収支内訳書	損益計算書 貸借対照表
②申告書	確定申告書Ｂ	
添付証明書類	保険等の控除証明書、寄附金等の領収書	

なお、経費関係の領収書は保管義務があるだけで提出する必要はありません。また医療費の領収書や源泉徴収票も添付義務がなくなりました。

提出方法は「持参」「郵送」「電子申告」の3つがあります。国税庁のサイト「e-Tax」を利用して「収支内訳書」「確定申告書」を作成することができますが、入力内容を印刷して持参または郵送することも、電子申告を行う

こともできます。

図 6-9

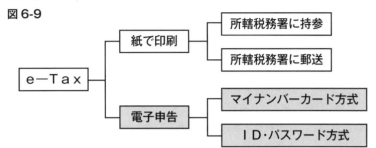

　郵送の場合は必ず確定申告書の控えと、自分の住所と宛名を記入した返信用封筒に切手を貼って、同封しておきましょう。税務署の収受日付印のある控えが証明書類として必要な場合があります。

　例えば、コロナ支援の事業者向けの給付金の申請に際して、日付印付きの控えを受け取っていなかったために、手間取ったという方も少なくありませんでした。

　電子申告についてはマイナンバーを読み取るカードリーダーを準備したり、あるいは税務署でID等の発行を受けたり、事前準備が必要です。

⑶所得税の納付

　所得税を納付する必要がある方は申告期限までに所得税を納付します。

　所得税の支払方法は窓口納付の他に、口座振替、クレジット払い、コンビニ納付等さまざまな方法があります。詳しくは国税庁のサイト等でご確認ください。

Q3. 領収書は貼って保管するの？

A3. 「領収書はノートなどに貼って保管するもの」と思い込んでいる方が少なくありませんが、その必要はありません。貼らなくても後で探せるように保管しておけば問題ありません。ファイルを活用するなど自分にあった方法で、できるだけ手間をかけずに保管しましょう。

⑴領収書の保管義務

事業を開始したら、日々の取引を記帳して、帳簿や関係書類を保管する必要があります。

白色申告の場合、保管期限については、下記のように定められています。

図6-10

・収入金額や必要経費を記載した帳簿（法定帳簿）	7年
・業務に関して作成した上記以外の帳簿（任意帳簿） ・決算に関して作成した棚卸表その他の書類 ・業務に関連して作成、または受領した請求書、納品書、領収書などの書類	5年

日々の取引を記録した帳簿は7年間、領収書などは5年間の保管義務があります。

この7年、5年というのは、所得税の時効期間と関係があるようです。

万一税務署から「お尋ね」があった場合には、説明できるように帳簿や領収書を保管しておきましょう。

⑵領収書の保管方法

「領収書は日付順に貼って保管するもの」と思い込んでいる方もいますが、その必要はありません。貼る作業は実際やってみると案外大変な作業です。

領収書は必要な時に探せたらどんな保管方法でも構いません。手間がかからない方法の一例としてクリアファイルに保管する方法を紹介します。

クリアファイルに1月～12月のインデックスをつけ、領収書などを月別に保管します。

また確定申告に関係するその他の書類についてもインデックスをつけてその都度ファイルに入れておくようにすると、確定申告に必要な書類を紛失する心配がなくなります。

例えば次のようなインデックスを作って関係書類をファ

図6-11

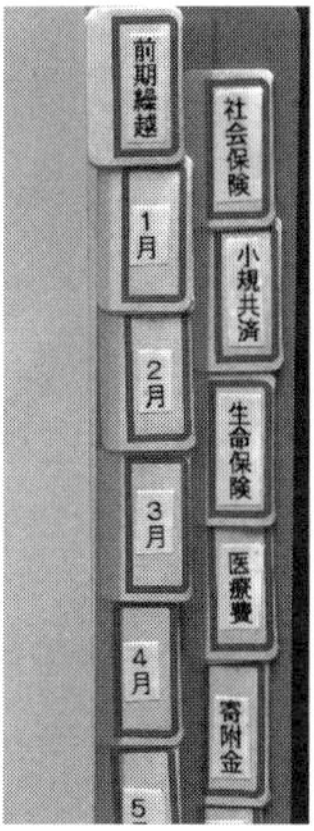

イルに入れていきます。

支払調書	年末から翌年1月頃に届く給与の源泉徴収票や報酬の支払調書
社会保険	国民年金、国民健康保険、介護保険、国民年金基金などの払込証明書
小規共済	小規模企業共済、iDeCoの掛金の控除証明書
生命保険	生命保険料・個人年金保険・医療保険、地震保険の保険料控除証明書
医療費	医療機関の領収書、薬局等での医薬品の領収書、保険給付関係書類
寄附金	ふるさと納税、学校法人やNPO法人等、政党等への寄附金の領収書

図6-12

　確定申告終了後はそのままファイルごと保管します。6冊のクリアファイルを順繰り利用すれば常に5年分を保管することができます。

　営業から事務作業まで全て一人で担っている個人事業主ですから、最小の労力で効率よく経理作業を終えられるよう工夫しましょう。

Q4. いくら稼いだら所得税の申告をするの？

A4. 　原則として、所得が48万円以下であれば確定申告をする必要はありません。給与収入や年金収入がある方が副業として事業を行う場合は、事業の所得（もうけ）が20万円以下であれば確定申告をする必要はありません。

(1)事業所得の確定申告

　所得税の確定申告をする必要がある方は税金がかけられる所得、つまり「課税所得」がある方です。

　課税所得とは、「売上」から「必要経費」と「所得控除」を引いた後の所得です。

　課税所得がなければ、所得税の確定申告をする必要はありません。納税者には「基礎控除」があるため、原則所得が48万円以下であれば確定申告をする必要はありません。

　例えば、100万円の売上があっても、52万円経費がかかっていれば、所得は48万円となります。基礎控除を引くと課税所得はゼロになりますので、確定申告を行う必要はありません。

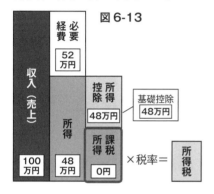

図6-13

　また、下図のように所得が48万円を超えても、基礎控除の他に所得控除があり、課税所得がなくなる場合も、確定申告を行う必要はありません。

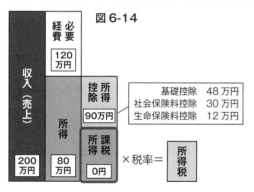

図6-14

基礎控除	48万円
社会保険料控除	30万円
生命保険料控除	12万円

　ただし、所得税の申告の必要がなくても住民税の申告は必要な場合があり

ます。

　所得税と住民税では所得控除の控除額が異なるものがありますし、自治体ごとに住民税の課税基準を定めています。

　所得税の確定申告をしない場合は、住民税の申告の必要がないか、お住まいの自治体にご確認ください。

　なお、申告義務の有無に関わらず、事業を開始したら帳簿をつけて領収書を保管する義務はあります。

⑵副業の確定申告

　給与や年金の収入を得ながら事業を行う場合は、給与や年金以外の所得が20万円以下であれば確定申告をする必要はありません。所得とは売上から必要経費を引いたものです。

　例えば、副業の売上が1年間で30万円あったとしても、必要経費が10万円あれば、所得は20万円となりますので、確定申告をする必要はありません。

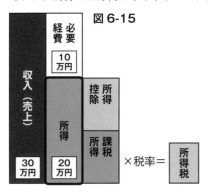

図6-15

　副業の場合も事業を開始したら、確定申告の要不要に関わらず、帳簿をつけて領収書類を保管しておきましょう。

　なお、所得税の申告をする義務はなくても、したほうが良いケースがあります。そのようなケースについては、次に紹介します。

Q5. 所得税の申告の必要がなくても、したほうがいいケースは？

A5. 所得税の申告をする必要がない場合でも、確定申告をすることによって税金が還ってくるケースや所得証明の必要性から確定申告をしておいたほうが良いケースがあります。事業を開始したら確定申告はしておきましょう。

⑴確定申告をすることにより税金が還付されるケース

報酬から源泉徴収されている場合や、事業が赤字で給与や年金など他に所得がある場合は、確定申告をすることで納めすぎた税金が還ってくる可能性があります。

①報酬等から源泉徴収されているケース

「源泉されているので確定申告はしていません」という研修講師の方がいました。お話を伺うと「課税されるほどの所得はない」とのこと。確かに、課税所得がなければ確定申告をする必要はありません。

しかし、「源泉徴収されている」ということは、すでに所得税を納めていることです。そのまま放っておいたら「納める必要のない税金を納めたまま」になります。この場合、確定申告をすることで納めすぎた税金を還してもらうことができます。

源泉徴収のしくみと税金の還付についての詳細は次のQ6をご覧ください。

②副業で事業が赤字のケース

給与収入や年金収入がある方は、それ以外の所得（売上 − 必要経費）が20万円を超えなければ確定申告をする必要はありません。

しかし、事業が赤字の場合、確定申告をすることで所得税が還ってくる可能性があります。

事業の赤字、つまり事業所得のマイナスは他の所得から差し引くことができるため、給与や年金から源泉徴収されている方は所得税が還付され、住民税も減らすことができます。

例えば、パートで働きながら副業として事業を始めた方が、パート収入

120万円（給与所得65万円）で事業の赤字が10万円であったとすれば、この方の合計所得は55万円になります。

（給与所得）　＋　（事業所得）　＝（合計所得）

　65万円　　＋　（　▲10万円）　＝　　55万円

　その結果、所得税、住民税を合わせて、約1万5千円の税金を減らすことができます。

　このように事業所得のマイナスを他の所得から引くことを「損益通算」と言います。

　「損益通算」は雑所得には認められませんので、雑所得の赤字は他の所得と損益通算することはできません。

⑵所得証明に必要なケース

「夫がけがをして入院しているのですが、確定申告をしていなかったために医療費負担が高額になり困っています」と相談を受けたことがあります。

　ご主人は個人事業を営んでおられましたが、確定申告はしておらず国民健康保険には所得不明のまま加入していました。保険証を使って医療機関を受診することはできますが、思わぬ落とし穴がありました。

　公的健康保険には「高額療養費制度」といって、医療費が高額になった場合に負担を軽減する制度があります。高額療養費制度では、所得区分に応じて1カ月に負担する医療費の上限額が設定されていますが、所得不明の場合は最も高い所得区分となり、通常1カ月の医療費の上限額は9万円弱で済むところ、25万円以上負担することになりました。

　これは特異な例ではありますが、行政手続きや各種申請等において所得証明が必要な場面があります。

　事業を開始したら課税所得の有無に関わらず、確定申告をしておかれることをお勧めします。

Q6. 源泉徴収されていたら確定申告しなくていい？

A6. 個人事業の場合は源泉徴収されていても代わりに所得税の計算をして
くれているわけではありません。源泉徴収をされている場合は、確定
申告をして納税額と源泉徴収額を精算する必要があります。確定申告
をすることで、納めすぎていた税金が還ってくることもあります。

⑴源泉徴収のしくみ

企業から報酬を得ているフリーランスの方などは、口座に振り込まれた金額
を見て「約束した報酬額より少ない」と思ったことがあるのではないでしょうか。

法人から個人に報酬などを支払う場合は、予め所得税分を引いて差額を支
払うことになっています。これを源泉徴収と言います。

源泉徴収の額は、100万円以下であれば報酬の一律10.21％、100万円を超
える部分は一律20.42％です。

例えば、A社から個人事業主であるBさんに報酬（10万円）を支払う場合
は、次のように源泉徴収が行われます。

①A社は10,210円を源泉徴収して、税務署に納めます

②A社は報酬10万円から源泉徴収して89,790円をBさんに支払います

Bさんの1年間の収支を計算した結果、所得税を納める必要がなかった場合、

③Bさんが確定申告をすることで

④源泉徴収されていた税金がBさんに還付されます

図6-16

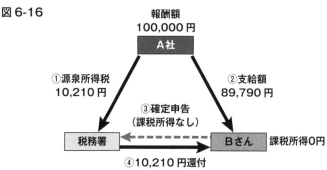

前出の「源泉徴収してもらっているので確定申告はしていません」とおっしゃっていた研修講師の方は、まさにこのパターンでした。

　課税される所得がないので確定申告をしなくても咎められることはありませんが、確定申告をすれば納めすぎた税金が戻ってきます。

　逆に、源泉徴収されている額より所得税が多くなる場合は、差額を納税する必要があります。

　個人事業の場合は源泉徴収されていても会社が代わりに所得税の計算をしてくれているわけではありません。源泉徴収をされている場合は、確定申告を行うことによって、源泉徴収分を精算する必要があります。

⑵源泉徴収されているか否かを知る方法

　つづいて報酬から源泉徴収されているか否か知る方法を紹介します。

　法人相手の仕事をして、約束された報酬より実際に支払われた金額が少ない場合は、源泉徴収されている可能性が高いです。

　報酬から源泉徴収された場合、通常は翌年1月頃「支払調書」が送られてきます。「支払調書」には1年間に支払われた報酬金額と、源泉徴収税額が記載されています。

　支払調書の「源泉徴収額」欄に数字が入っていたら、その金額が既に所得税として納めている金額です。

図6-17

ただし、中には「支払調書」を個人に送らない法人もあります。

その場合でも源泉徴収の金額を把握していれば、確定申告の際、源泉徴収税額として計上することができます。

報酬から源泉徴収される場合は、その都度、源泉徴収税額を確認して、記帳しておかれることをお勧めします。

Q7.「青色申告」と「白色申告」はどう違うの？

A7.「青色申告」も「白色申告」も所得税の申告方法のことです。「白色申告」は手続きをする必要はありませんが、「青色申告」を選択する場合は申請を行う必要があります。青色申告には特別控除や赤字の繰り越しなど、白色申告にはない税制面の特典があります。

⑴青色申告とは

個人事業の所得税の申告方法には「白色申告」と「青色申告」の2種類があります。

事業を開始すると自動的に「白色申告者」となります。

青色申告を行うには事前に「青色申告承認申請書」を税務署に提出することが必要です。

図6-18

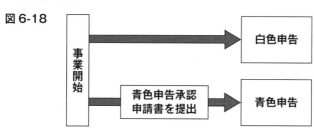

⑵青色申告の特典

青色申告の特典には主に次のようなものがあります。

①青色申告特別控除

事業所得の計算において、売上から必要経費を引いて、さらに「特別控

除」として一定金額（10万円、55万円、65万円）を引くことができます。これにより白色申告に比べて課税所得を減らすことができます。

②青色専従者給与

　生計を一にしている配偶者や親族に支払った給与について、労務の対価として適正な金額を必要経費にすることができます。白色申告の専従者給与には上限額が設定されていますが、青色専従者給与には上限はなく、事前に届出をした範囲で決めることができます。

③損失の繰り越し、繰り戻し

　損失が出た場合、その損失を翌年以降3年間繰り越すことや、前年に繰り戻して、他の黒字の年の課税所得を減らすことができます。

・損失の繰り越し

　事業の赤字を翌年以降3年間繰り越して、黒字化した年に赤字分を課税所得から差し引くことができます。

・損失の繰り戻し

　前年も青色申告をしている場合は、純損失の繰り越しに代えて、その損失額を前年に繰り戻して、前年分の所得税の還付を受けることもできます。

図6-19　青色申告と白色申告の主な違い

	白色申告	青色申告
特別控除	－	10万円、55万円、65万円
専従者給与	上限あり ・配偶者86万円まで ・他親族50万円／人まで	上限なし ・青色事業専従者給与に関する届出書の金額の範囲内で労務の対価として適正な金額
損失の繰り越し、繰り戻し	－	・翌年以降3年間繰り越し可能 ・前年に繰り戻し可能

⑶青色申告の対象者

　個人事業主だけでなく、副業であっても事業所得がある方は青色申告を行うことができます。ただし、下記期限までに「青色申告承認申請書」を所轄税務署に提出する必要があります。

図 6-20

既に開業している人	その年の3月15日まで
新規開業した人	業務を開始した日から2カ月以内

今年の所得について青色申告を行いたい場合は、原則、今年の3月15日までに「青色申告承認申請書」を提出する必要があります。それを過ぎると翌年から青色申告が認められます。

図 6-21

ただし、年の途中で開業した場合は、開業から2カ月以内に「青色申告承認申請書」を提出すれば開業年から青色申告を行うことができます。

図 6-22

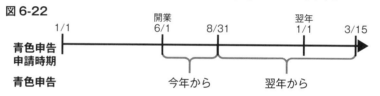

なお、青色申告の承認を受けるためには開業届の提出が必要です。「青色申告は大変そう」と敬遠する方もいますが、白色申告と変わらない手間で青色申告を行うこともできますので、開業届と同時に青色申告承認申請書を提出されてはいかがでしょうか。

Q8. 自信がないけど青色申告にしても大丈夫？

A8. 「青色申告は大変そう」と躊躇される方がいますが、特別控除10万円の青色申告であれば、記帳や確定申告の手間は白色申告と変わりません。55万円、65万円の特別控除を受ける場合は複式簿記で記帳する必要がありますので、会計ソフトを活用されてはいかがでしょう。

⑴青色申告の３つの方法

青色申告は記帳方法や申告方法により、青色申告特別控除の金額が異なります。

白色申告と同じように簡易な記帳方法で申告をする場合は10万円が控除額となります。

正規の簿記の原則に従って「複式簿記」による記帳を行い、収支を計算するだけでなく「損益計算書」と資産の状態を報告する「貸借対照表」も提出する場合は55万円の控除を受けることができます。

さらに、電子帳簿保存または電子申告をする場合には65万円の控除が受けられます。

複式簿記には自信がないという方には、青色申告の10万円控除をお勧めします。

青色申告といっても10万円の控除であれば、白色申告と同じ簡易簿記による記帳でよく、本書の付録のエクセル帳簿で対応できます。

決算書も白色申告の「収支内訳書」と青色申告の「損益計算書」では必要な情報はほぼ同じです。

つまり、青色申告の10万円控除は、手間は白色申告と同じなのに、青色の特典が受けられるオイシイ申告方法なのです。

図 6-23

申告方法		白色申告	青色申告		
			10 万円控除	55 万円控除	65 万円控除
申告の手間	記帳方法	簡易簿記		複式簿記	
	決算書	収支内訳書	損益計算書	損益計算書	
				貸借対照表	
	申告方法	申告方法は持参、郵送も可能 帳簿の保存は紙媒体でも可			電子申告 または 電子帳簿保存
特典	特別控除	なし	10 万円	55 万円	65 万円
	専従者給与	上限あり	上限なし		
	損失の繰り越し、繰り戻し	なし	翌年以降３年間繰り越し、前年繰り戻り		

「青色申告するほど利益は出ていない」という人もいますが、「赤字の繰り

越し」ができるという特典もありますので、特に赤字となりやすい開業間もないうちから青色申告にされることをお勧めします。

　赤字であれば、そもそも特別控除は使えませんので、簡易簿記の記帳だけで問題ありません。まずは青色申告の10万円控除にトライされてはいかがでしょうか。

⑵複式簿記で青色申告を行う効果

　55万円控除や65万円控除を受けるには複式簿記で記帳することが必要です。この場合、会計ソフトを活用すれば簿記の知識がなくても帳簿をつけることはできます。ソフトによってはチャットで質問ができるなどのサービスを提供しているところもあります。

　そこで気になるのが、会計ソフトを導入してまで55万円や65万円の控除を受けるメリットがあるかどうか、ではないでしょうか。

　会計ソフトを導入して帳簿を電子的保存することで10万円の控除が65万円になりますので、特別控除額が55万円増えます。

　つまり、55万円課税所得を減らすことができますが、節税額のめやすは次のように求められます。

$$55万円 × （所得税率＋住民税10％）＝節税額$$

　所得税の税率が5％の人であれば約82,500円、20％の人であれば約165,000円です。

　これが毎年つづくとすれば、会計ソフトを導入するコストや手間を考えてもトライする価値はあるのではないでしょうか。

　また、特別控除が増えることで、合計所得が減額されますので、国民健康保険の保険料などの負担が減少する可能性もあります。

第7章

【トラブル回避Q&A】
仕事をする際に最低限、気をつけたいことは?

Q1. 口約束も契約になるの？

A1. 契約書などの書面を交わしていなくても、当事者が合意していれば契約は成立します。ただし、トラブルを防ぐためにも契約書または覚書などの書面を交わしておきましょう。

(1)口約束はトラブルの元

売買、賃貸借、委任などの契約は民法に規定されています。民法の原則は「諾成契約」ですから、お互いの意思表示が合致すれば、書面がなくても、また商品などの引き渡しがなされていなくても契約が成立します。

（注釈）お金の貸し借りなどの「消費貸借契約」については、原則として目的物の引き渡しがなされなければ、契約は成立せず、例外的に、契約書などの書面を交わす場合は目的物の引渡しがなくても契約が成立します。

図 7-1

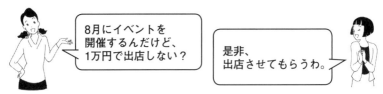

口約束も立派な契約です。したがって、上記の口約束でも契約は成立しています。しかし、口約束では「言った」「言わない」とトラブルになる可能性があります。

図 7-2

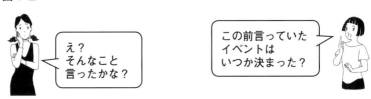

また、互いに誤解している部分があるかもしれません。

178

図 7-3

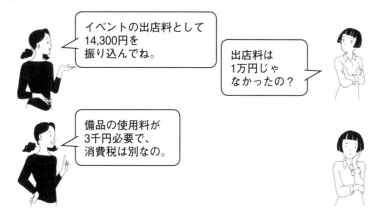

このように情報提供が不十分だったり、思い込みで話が進んでしまい、後で誤認に気づいて嫌な思いをしたり、口約束は問題が生じやすいものです。

このようなトラブルを回避するためにも、契約書や覚書など書面を作成しておきましょう。

⑵契約書の作成方法

契約書は、互いの権利と義務を明文化したもので、次のような構成で書くのが一般的です。

①契約書のタイトル、②前文、③本文（条項）、④後文、⑤契約日付、⑥署名捺印（記名押印）

図 7-4　契約書の例

(① ○○○○フェスタ出店契約書

(②)
大阪太郎（以下「甲」という）と、東京花子（以下「乙」という）は、次の通り○○○○フェスタ出店契約（以下「本契約」という）を締結する。
(③)
第1条（開催イベント）
　甲は下記イベントを主催し、乙は下記イベントに出店する。
　　イベント趣旨：ハンドメイド作家の販路拡大と交流の場を提供する
　　開催日時　　：○○年○○月○○日　10:00〜16:00
　　会　　場　　：○○○○○センター（東京都○○区○○1−1−1）

第2条（出店概要）
　甲は乙に下記条件で出店スペースを提供する。
　　1区画　：3m×2.5m
　　貸出備品：長机（180m）×2　パイプ椅子4脚
　　出店内容：ハンドメイド作品（新品）
　　搬入時間：8:00〜10:00　　搬出時間：16:00〜18:00

第3条（出店料等）
　乙は下記出店料を○○年○○月○○日までに甲が指定する口座に入金する。
　　区画使用料：10,000円（消費税別途）
　　備品使用料：3,000円（消費税別途）

第4条（イベントの中止）
　(1)甲は天変地異、疫病、輸送機関・通信回線の事故等、やむを得ない事情によりイベントの中止を行う場合があり、その際乙に生じた損害の
　　補償は行わない。
　(2)甲の都合によるイベント中止の際は、出店費用全額を返金する。

第5条（出店のキャンセル）
　乙が出店料払込後、乙の都合によりキャンセルをする場合は、甲は乙に対して備品使用料のみ返金するものとする。

第6条（紛争処理）
　本契約に関わる紛争により訴訟等が生じた場合は東京地方裁判所又は東京簡易裁判所を第一審の専属的合意管轄裁判所とする。
(④)
　本契約の成立を証するため、この出店契約書を二通作成し、甲乙それぞれ署名または記名及び押印のうえ、各一通保管する。
(⑤)
○○○○年　○○月　○○日

　　　　　　　　　　　　　　　　　　　　　　　　　　　(⑥)
　　　　　　　　　　　　　　　　　　　　　　　　　　　(甲) 大阪太郎
　　　　　　　　　　　　　　　　　　　　　　　　　　　　　　　　　　　東京都○○区○○2-2-2　　　　　　印

　　　　　　　　　　　　　　　　　　　　　　　　　　　(乙) 東京花子
　　　　　　　　　　　　　　　　　　　　　　　　　　　　　　　　　　　東京都○○区○○3-3-3　　　　　　印

　同一内容の契約書を2通作成し、各自1通保管します。

　契約書にサインをする際は、内容をよく確認して、疑問があれば相手に対して確認し、不都合なことがあれば書き換えてもらうよう交渉しましょう。署名捺印をすることで、そこに書かれている内容について法的責任を負うことになります。契約内容を納得できないまま安易にサインをすることのないようにしましょう。

　しかし、日々の取引すべてに契約書を作成することは現実的ではありません。

　そこで、適宜、必要な事項について「覚書」や「確認書」など個別の書面を作成したり、日々のやり取りをメールで行ったり、文書化することを心がけるだけでも、トラブルを回避することができます。

⑶書面の交付

　契約書以外にも合意した内容を明文化する方法として「覚書」「合意書」「確認書」などがあります。例えば、先ほどの契約書の内容をこのようにまとめることもできます。

図 7-5

○○フェスタ　出店確認書	
イベント日時	○○○○年　○○月○○日（日）10:00 ～ 16:00
イベント会場	○○○○○センター　東京都○○区○○ 1-1-1
イベント主催者	大阪太郎　東京都○○区○○ 2-2-2
イベント趣旨	ハンドメイド作家の販路拡大と交流
出店概要	1区画（3m × 2.5 m） 備品長机（180 m）× 2　パイプ椅子 4 脚 搬入搬出はイベント開催時間前後の 2 時間
出品内容	ハンドメイド作品（新品）
出店料・使用料	1区画：11,000 円　備品：3,300 円 ○○月○○日までに振込 ※キャンセルの際は備品使用料のみ返金 ※主催者の都合によるイベント中止は全額返金、 　天変地異等やむを得ない場合は返金しない
出店者	上記、確認しました。 　　　　　　　　　　　　　　　○○○○年 ○月 ○日 大阪太郎殿 　　　　　　　　東京都○○区○○ 3-3-3 　　　　　　　　東京花子　　　　　　　　　印

　このように必要事項をまとめて文書にしておくことで、誤解が生じないようにすることができます。また相手に安心感や信頼感を与えることでしょう。

　書くときのポイントは5W2H（いつ、誰が、どこで、何を、なぜ、どのように、いくらで）を意識することで情報の漏れがなくなります。

　このように文書にすることは、頭の整理にもなり、準備や段取りもスムーズに行うことができ、企画の成功にもつながります。

⑷日々の業務の明文化

日々のお客様とのやり取りも、できるだけ文書で確認がとれるようにしておきましょう。

よく聞くトラブルにこんな例があります。

図 7-6

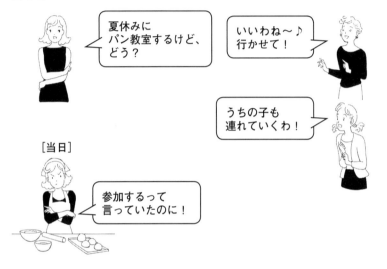

人はその場の雰囲気や話の流れで、良い返事をしてしまうこともあります。

このようなトラブルを防ぐためにも、例えば申込フォームから申し込んでもらったり、日程や費用などの参加条件をメールで送り、参加の意思を返信してもらったり、文書で確認しておきましょう。

あなたは約束と思っていても、相手は社交辞令だと思っているかもしれません。

また、仕事上のやり取りはパソコンのメールで行うなど一元化しておき、案件ごとにメールフォルダを分けておくことで、後で詳細について確認することができます。

「言っていたことと違う」「思っていたことと違う」と相手の信頼を損なわないよう、記録に残す意味でも明文化は大切です。

Q2. ブログやＳＮＳで注意することは？

A2. ブログやＳＮＳなどインターネットを活用した発信は、人に不快な思いをさせたり、信用を失ったりするリスクがあるだけでなく、法律を犯すリスクもあります。

マナーとコンプライアンス（法令遵守）に気を付けて活用しましょう。

⑴ＳＮＳのマナー

ホームページ、ブログ、ＳＮＳは仕事をするうえで欠かせないツールですが、不用意な発言で誤解されたり、人を傷つけたり、信用を失うこともあります。

あなたが発信した内容は世界中の、様々な価値観を持った方が見る可能性があることを心得ておきましょう。

ツールがインターネットに変わっても、基本は人づきあいと同じです。言論は自由ですが、「自分がされて嫌なことはしない」ということを心がけておけば、最低限のマナーを守ることはできるのではないでしょうか。

また、ブログやＳＮＳは広告的な役割を担っています。

例えば「人を癒したい」とカウンセラーとして起業したあなたが、日頃から不平不満を発信していたら、「あなたに相談しよう」と思ってもらえるでしょうか。

もちろん人間ですから、「ちょっと愚痴を聞いてもらいたい」「辛さを理解して欲しい」と思うこともあると思いますが、それは全世界に向かって伝えるべきことか、それとも気心の知れた友人に話すべきことか、冷静に考えてみましょう。

仕事で活用する以上、ＳＮＳは起業コンセプトを実現するためのアイテムの一つです。

生活感を出さないために「なるべく家族の話や自宅で撮影した写真は掲載しない」という占い師の方がいたり、敷居が高いと思われないために「家族

や趣味の話を投稿し、あえてドジな部分も見せる」という士業の方がいたり、ＳＮＳを上手く活用している人は「目的」に合わせた使い方をしています。

⑵ＳＮＳとコンプライアンス（法令遵守）

　ブログやＳＮＳの投稿では、マナー違反だけでなく、法律を犯してしまうリスクもあります。違法行為により損害賠償を請求される可能性もありますので、次のような行為に注意しましょう。

①他人が映っている写真を無断で投稿しない

　他人が映っている写真を許可なく投稿すると、「肖像権」の侵害となります。セミナーの開催報告をブログやＳＮＳに投稿する場合は、必ず参加者全員に許可をとり、掲載不可の方は写真を加工するなどの配慮をしてください。

②他人の写真、文章、音楽を無断で転載しない

　私的使用以外の目的で写真、文章、音楽などを無断で複製や転載をすると、「著作権」の侵害になります。

　私的使用とは「個人的に又は家庭内その他これに準ずる限られた範囲内において使用すること」と定義されています。以下のようなケースは私的使用に該当しませんので、無断で転載すると著作権の侵害になります。

　・他人の写真やイラストを無断で自分のホームページ等に使用する
　・他人の文章を無断で自分のブログ等に使用する
　・他人の音楽を動画に使用してユーチューブ等に投稿する
　・書籍、雑誌、新聞など記事や写真を無断でＳＮＳなどに投稿する

　他人の著作物を自分のサイトに掲載したい場合は、使用許可をとります。著作権者に「著作物を利用したい旨」の連絡をとり使用料等の条件を確認します。

　ただし、公表された著作物については、自分の著作物と他人の著作物を明瞭に区分するなど公正な慣行に則って、引用の目的上正当な範囲で引用が認められています。

　なお、引用のルールについて次のように定められています。

図 7-7

> 「（1）他人の著作物を引用する必然性があること。
> 　（2）かぎ括弧を付けるなど，自分の著作物と引用部分とが区別されていること。
> 　（3）自分の著作物と引用する著作物との主従関係が明確であること（自分の著作物が主体）。
> 　（4）出所の明示がなされていること。（第48条）」

出所：文化庁　著作物が自由に使える場合　注5引用における注意事項より
https://www.bunka.go.jp/seisaku/chosakuken/seidokaisetsu/gaiyo/chosakubutsu_jiyu.html

著作権を侵害しないよう、ルールに則って引用しましょう。

また、「著作権フリー」として提供されている写真やイラストを使用する際には「出所の表示をする必要があるか」「加工しても良いのか」など利用規約を読んで、規約に則って利用しましょう。

③個人情報やプライバシーを侵害する書き込みをしない

他人の氏名や住所などの個人情報やプライベートな話をネット上に書き込むことはやめましょう。個人情報の漏洩、プライバシーの侵害については、損害賠償を求められる可能性もあります。

また、特定の団体や個人を誹謗中傷する書き込みは、名誉棄損や人権侵害にあたる可能性もあります。

そして、トラブルに巻き込まれないために、自分のプライベートについても公開しないことが大切です。自分で撮影した写真を投稿する際には位置情報を削除する、子どもの名前や学校名などを公開しないなど、ご自身の個人情報を守ることも大切です。

一度、投稿した内容は完全には削除しきれないものと心得て、慎重に行ってください。

⑶ＩＤ・パスワード管理

ＳＮＳに限らず、インターネット上のサービスを利用する際には、ＩＤとパスワードが必要になります。

ＩＤやパスワードを紛失するとログインできなくなったり、アカウントが乗っ取られたりすると、自分が困るだけでなく、他の方にも迷惑をかけることもあります。

　ＩＤやパスワードの紛失の防止策としては、「何かに書き留めておくこと」です。

　最近、相続に関して「デジタル遺産」の問題が話題になっています。縁起でもないことですが、もしあなたが明日亡くなったら家族に迷惑がかからないか、そう考えて必要な情報を整理しておいてはいかがでしょう。

　アカウントの乗っ取りについては、ＩＤとパスワードの同じ組み合わせを使い回すことでリスクが高まるようです。また、不審なメールに気を付けるなど日頃から危機管理が大切です。

　本物そっくりの偽サイトやスパムを送り付けるなど、迷惑メールの手口は日々巧妙化しています。不審なメールが届いたら次のようなことを心がけてください。

　①メールアドレスの発信元が正規のアドレスか確認する

　②同じようなメールでトラブルが起きていないか検索する

　③メールのリンク先からではなく、正規のサイトから連絡先などを確認する

　インターネットを利用する以上、常にリスクにさらされていると心得ておきましょう。

Q3. 個人情報の取り扱いについて気をつけることは？

A3. 個人情報を取り扱う民間事業者には、原則として「個人情報の保護に関する法律（個人情報保護法）」が適用されます。ルールを守って個人情報の適切な管理に努めましょう。

⑴個人情報保護法とは

　個人情報保護法は、主に個人情報を扱う個人情報取扱事業者が遵守すべき義務等を定めた法律です。

　「個人情報取扱事業者」とは、個人情報を収集し活用している民間事業者を

いい、法人に限らず、個人事業主やマンションの管理組合、自治会や同窓会なども含まれます。

「個人情報」とは「生存する個人に関する情報であって、氏名、生年月日その他の記述等により特定の個人を識別することができるもの」をいいます。「氏名」のみであっても、個人を特定できると考えられますので、個人情報に含まれます。また「生年月日」と「氏名」の組み合わせ、「顔写真」なども個人情報です。メールアドレスも場合によっては個人情報にあたります。また、マイナンバー、旅券番号、免許証番号、基礎年金番号、各種保険証等の「個人識別符号」も個人情報に含まれます。

⑵個人情報の取り扱いのルール

個人情報保護法には個人情報の取り扱いについて、次のような規定があります。

①個人情報を取得するとき

個人情報を取得するときは、利用目的を明確にし説明する義務があります。

例えば、セミナーの参加を受付ける場合には、氏名やメールアドレスなどの情報を取得しますが、申込フォームなどに「ご記入いただいた個人情報は本セミナーの運営に限り使用します」などと利用目的を明記しましょう。

②個人情報を保管するとき

取得した個人情報は漏洩しないよう次のような対策をとり管理する必要があります。

・紙で管理する場合は、カギのかかる引き出しに保管する

・紙を処分するときは、シュレッダーなどで細かく破いて捨てる

・データで管理している場合は、ファイルにパスワードを設定する

・パソコンにウィルス対策ソフトを導入しセキュリティを高める

など、紛失したり、盗まれたりすることがないよう管理しましょう。

③第三者に提供するとき

原則として、個人情報は取得時に定めた目的以外に利用することはできません。

第三者に個人情報を提供する場合には、予め本人の同意を得る必要があるということが定められています。

④個人情報の開示を求められたら

本人から個人情報の開示を求められたときは、原則として保有している個人に関するデータを開示しなければならないと定められています。

個人情報は、「使う目的を明示する」「適切に保管する」「目的外に使用しない」などのルールを守って大切に取り扱いましょう。

⑶個人情報以外の情報について

法律上の個人情報にあたらない情報であっても、他人の情報を口外したり、ＳＮＳに書きこんだりすることはやめましょう。例えば、あなたに悩みを相談した方の話を、ブログなどに書いたりして、もし、相談者がそれを目にしたらどう感じるでしょうか。それが匿名であっても信頼して、包み隠さず話したことが、勝手に発信されていると思ったら、どう感じるでしょうか。「自分がされて不快に感じることはしない」と相手の立場にたって、考えて行動することが大切ですね。

しかし、仕事をしていると「お客様の悩みを解決した」「こんな悩みを持つ方の役に立てる」という発信は必要です。その情報は同じような悩みを持つ方にとっては有益な情報になります。そのような場合は、本人の許可を得て発信するようにしましょう。

例えば、お客様に感想を書いていただく際には、次のように掲載許可の確認欄を作ってはいかがでしょう。

図 7-8

ご感想

※ＳＮＳ等への掲載について
ご感想をブログやＳＮＳなどに掲載させていただく場合がございます。
その際の使用許可について該当するものに✓をご記入ください。

□氏名とともに掲載可　　□イニシャルで掲載可　　□掲載不可

Q4. 屋号やネーミングを守る方法はあるの？

A4. 商標登録を行うことで、屋号や、商品やサービスに使用するネーミングやマークなどを、他の人に使用されないようにすることができます。

⑴商標登録とは

　屋号や、事業として生産・販売をする商品・サービスに付けたネーミングやマークのことを「商標」といいます。

　商標は商品の選択において大切な役割を担っています。

　少々高くても知っている会社の製品を選ぶ、好きなブランドの商品を買うなど、商品の選択において会社名やブランド名を目印にすることがあると思います。このように商標は「もの言わぬセールスマン」ともいわれ、会社やブランドが培ってきた信用そのものとも言えます。

　そんな大切な商標を財産として守るために、屋号や商品・サービスのネーミングやマークを特許庁に登録することを「商標登録」といいます。

　商標登録をすると独占的にその屋号や名前を使用することができます。仮に他人が使用した場合は、「使わないで」と使用を差し止める権利があります。また、商標を使用されたことにより損害が発生した場合は損害賠償請求を行うこともできます。

例えば、「宅急便」という言葉はヤマトホールディングス株式会社の登録商標です。

　もし、「○○宅急便」などと名前を付けて宅配サービスを開始すると、ヤマトホールディングス株式会社から使用の差し止め請求を受ける可能性があります。

　まず、屋号や商品・サービスに名前を付ける際には、他人の商標権を侵害しないか、登録商標を確認しておくことも必要です。

⑵登録商標の確認方法

　既に登録されている商標は、特許庁のサイト「特許情報プラットホーム」で調べることができます。例えば「宅急便」という商標を検索すると、48件登録されていることがわかります。この48件はすべてヤマトホールディングス株式会社が登録しているものです。

　検索して「0」であれば安心して使用することができます。

　既に商標登録がある場合は、その商標が使用されている商品・サービス区分を確認します。

　例えば、これは私が主催するセミナーに付けた商標「家庭のＦＰ®」の検索結果です。

　一番下に「41　技能・スポーツまたは知識の教授……」とあります。これが商品・サービスの区分です。

図7-9

```
商標（検索用）　　　　　　　：家庭のＦＰ
(541) 標準文字商標　　　　　：家庭のＦＰ
(561) 称呼（参考情報）　　　：カテイノエフピイ、カテーノ、カテー
(500) 区分数　　　　　　　　：1
(511) (512)【商品及び役務の区分並びに指定商品又は指定役務】
　　　　　　　【類似群コード】
41　技能・スポーツ又は知識の教授、セミナーの企画・運営又は開催、
　　電子出版物の提供、書籍の制作
　　41A01　41A03　41C02　41D01
```

　他の区分に該当する商品・サービスに使用する場合は、同じ商標を使用しても問題ありません。

　例えば、あなたがクラフト作家として販売する商品に「家庭のＦＰ」と名前を付けても、私は「使わないで」という権利はありません。

　なぜなら、クラフト作品は41のサービス区分に該当しないためです。

　このように屋号やネーミングを付ける場合は、トラブルを避けるために、事前に確認しておきましょう。

　屋号やネーミングは必ずしも登録する必要はありませんが、もし他人が商標登録すると、それ以降使えなくなる可能性があります。気に入って長く使いたい屋号やネーミングは、そのようなリスクを避ける方法として、商標登録するという選択肢があります。

⑶商標登録の方法

　商標登録をするには、専門家に依頼して高額な費用がかかるというイメージがあるかもしれませんが、自分で行うこともできます。

　手続き方法については、特許庁のサイトをご覧ください。疑問があれば電話等で確認し申請することができます。「家庭のＦＰ®」も自分で申請書類を作成し登録することができました。

　手続きにかかる費用は、①申請費用、②登録費用があります。

図 7-10

①申請費用：3,400円＋8,600円×区分数

②登録費用：28,200円＋×区分数（※10年分）

※商標登録の期間は10年です。再度登録費用を支払うことによって更新することができます。

　ただし、申請したものが必ずしも登録されるとは限りません。審査の結果、商標として機能しない一般名詞とみなされる場合や、著名な商標と紛らわしいマークなど登録できないケースもあります。

　審査期間は5〜6カ月かかります。「商標登録証」が届いたら、「家庭のＦＰ®」というように登録商標マークを記載することができます。

Q5. キャンセル料はもらってもいいの？

A5. お客様の都合で予約をキャンセルされるような場合、一定のルールを
設けてキャンセル料を徴収することができます。予約の時点でその旨
を伝えておきましょう。

ただし、不当に顧客に不利益を与えるルールは無効となる可能性も
あります。

(1)キャンセル料の役割と効果

よくあるトラブルの一つに予約のキャンセルがあります。

事前に予約を受け付ける場合、何らかの理由でお客様が来られなくなった
り、受注した商品をお客様の都合でキャンセルされたりすることがあります。

病気や急な用事、不測の事態は仕方がないことですが、無断キャンセルや
当日のキャンセルなどはやはり困ります。

例えば、材料の準備が必要な場合は材料費が無駄になるかもしれません。

また、準備物がなかったとしても、定員のため他の方をお断りしていた場
合には機会損失が発生します。

そこで、一定期間以内のキャンセルについては料金の一部を徴収するキャ
ンセル料の規定を設けておくことで、損失を最小限に食い止めることができ
ます。

また、お客様の中には「予約＝契約」という意識が薄い方もいます。この
ような方に対しては、キャンセル料が発生することを告げることで、契約が
成立していることを意識していただくことができます。お客様にも予約とい
う行為に責任を持っていただいて、安易な理由でキャンセルされることを防
ぐ効果も期待できます。

予約を受け付ける場合は、「キャンセルポリシー」としてキャンセル料の
規定を作成しておきましょう。

(2)キャンセルポリシーの作り方

「キャンセルポリシー」とは事業者が決めたキャンセルの時に発生するキャ

ンセル料などの条件です。

「何日前から徴収するか」「何割程度徴収するか」キャンセル料のルールは自由に決めることができます。

　ただし、「予約した時点で100％のキャンセル料がかかる」など不当に顧客に不利益が生じるような契約は、消費者契約法に基づき無効になる可能性があります。

　したがって、損失が発生する時期や損失の大きさに応じて合理的に設定する必要があります。

　参考までに、国土交通省が定める標準旅行業約款による国内旅行のキャンセル料の規定を紹介します。

　　　・20日前〜8日前　　20％以内
　　　・7日前〜2日前　　　30％以内
　　　・前日　　　　　　　40％以内
　　　・旅行開始前　　　　50％以内
　　　・旅行開始後　　　　100％以内

　例えば、「7日前までに連絡があれば、追加募集を行うことができる」という場合は、キャンセル料は7日前から発生させても良いでしょう。

「2日前までに連絡がなければ材料の準備をしてしまう」という場合は、2日前以降のキャンセルについては材料費も含めた額になるよう設定しておいても良いでしょう。

　そして、大切なことはお客様にキャンセルポリシーを伝えておくことです。

「予約していただいたお客様に厳しいことをいうようで気が引ける」と思う方もいるかもしれませんが、キャンセルが発生した後に告げるとトラブルの元になります。

「悪いニュースほど先に」が人間関係を拗らせない秘訣です。

　キャンセルポリシーは、事前にそして、必ず文書で伝えておきましょう。

　例えば、参加申込を受け付けたときの返信メールに下記のように記載します。

図 7-11

> この度は、5月20日開催の〇〇セミナーにお申込みありがとうございました。
> つきましては、5月13日までに参加費5,500円をお振込みください。
>
> なお、5月13日以降のキャンセルにつきましては、下記の通りキャンセル料が発生致します。ご入金いただきました参加費につきましては、キャンセル料と振込手数料を差し引いて返金致します。
>
>
>
> ※※※※キャンセルポリシー※※※※
> 7日前〜2日前　30%
> 2日前〜前日　50%
> 当日　　　　　100%
>
>

⑶キャンセルへの対応

　実際にキャンセルが発生した場合、お客様がキャンセルポリシーを事前に理解していると、キャンセル料に対するクレームが入ることはめったにありません。

　ただ、ルールを定めていても、事情を考慮して柔軟に運用されてはいかがでしょうか。

　例えば、「育児中のお母さんを応援したい」という想いで乳幼児のママ向けにセミナーをしている方であれば、お子さんが熱を出してキャンセルせざるを得なかった方に、「当日だから100%徴収、返金なし」というのは、一貫性を欠いてしまうかもしれません。

　返金をしなくても、次回に振替えて参加できるようにするなどの配慮をすることもできます。

　ピンチはチャンス！キャンセルする側の気持ちになって臨機応変に対応することで、信頼関係を築くこともできます。

　また、キャンセルを予防する方法として、前日などに確認の連絡をすることが有効です。

　人間だれしもうっかり忘れてしまうことがあります。

　私のかかりつけの歯医者さんは前日に「明日のご予約〇時でお待ちしてお

ります」と必ず電話をくださいます。お陰でうっかり忘れたり、遅れたりすることがなくなりました。

　一人ひとり連絡をとることは難しいと思いますが、「リマインドメール」を全員に自動的に送る便利なツールもあります。あるいは、事前に参加者でメッセージグループを作っておき、そこに連絡する方法もあります。

　リマインドメールのポイントは、思い出してもらうだけでなく、心理的な緊張をほぐす効果もあります。事務的な内容だけでなく、「明日お目にかかれますこと楽しみにしています」「○○を楽しみにいらしてください」と、参加しやすいよう、期待感が高まるようなメッセージを一言添えるよう工夫されてはいかがでしょうか。

Q6. トラブルに備えて入っておいたほうがいい保険はあるの?

A6. 仕事中に他人にケガをさせたり物を壊したりして、損害を賠償する責任を負った場合に備える保険があります。万一のために仕事の内容に合った「賠償責任保険」に加入しておきましょう。

⑴仕事における賠償リスクとは

　仕事の内容によっては、誤って他人の身体や財産に損害を与える可能性が高い仕事もあります。多額の賠償金を請求されることも考えられます。

図7-12

①料理教室で鍋の取っ手が外れ生徒さんが大やけどをした　②マッサージ施術の後、お客様の顔に湿疹が出た　③預かったコートを汚してしまった

195

④ハウスクリーニング中に家財を壊してしまった

⑤提供した食品で食中毒を起こした

⑥パソコンがウィルスに感染して情報を漏洩してしまった

　このようなことが起こらないよう注意することが一番ですが、事業者の責任として、万一にも備えておく必要があります。

　あなたの仕事ではどんなトラブルが考えられますか。そしてその損害を賠償するとしたら、どの程度の金額になりそうでしょうか。

　もし大きな金額になるようであれば、保険で備えておきましょう。

⑵賠償リスクに備える保険

　他人に損害を与え、法律上の賠償責任を負ったときに賠償金などを補償する保険を「賠償責任保険」といいます。

「賠償責任保険」といえば、自転車事故に備えて「個人賠償責任保険」に加入している方も多いと思います。しかし、「個人賠償責任保険」は、日常生活で他人にケガをさせたり物を壊したりしたときに、賠償金が補償される保険です。仕事中の事故には適用されません。

　そこで、事業用の賠償責任保険に加入する必要があります。事業用の賠償責任保険は損害保険会社から様々な保険が販売されていますが、大きく分けると次のようなものがあります。

①施設賠償責任保険

　　施設の欠陥や管理不備により発生した事故、または業務遂行中の事故により、事業者が法律上の賠償責任を負った場合に被る損害を補償する保険です。

　契約者は施設の所有者だけでなく使用者や管理者も含まれますので、場所を借りて出店するような場合も対象になります。

　対象となる事故にはこんなケースが考えられます。

・お店の看板が外れ下にあった車を傷つけた

・椅子の足が折れて顧客がケガをした

・コーヒーをこぼして顧客の服を汚してしまった　など

　補償内容は、損害賠償金の他に、応急措置費用や弁護士費用などが補償されるものが一般的です。

　「子ども向けの教室を始めたい」という方から相談を受けて、数社見積もりを依頼したところ、生徒数20名程度で保険料は年間1万円前後でした。

　中には「学童のようなサービスは施設賠償責任保険の対象にならない」ということで見積もりを断られた保険会社もありました。

　同じ「施設賠償責任保険」という名称でも、対象となる事業や対象となる事故、保険料の算定方法は保険会社によって異なります。

②業種別賠償責任保険

　販売業、飲食業、サービス業、ＩＴ事業、製造業、運送業など業種に特化した賠償責任保険もあります。

　販売業であれば「販売した商品が原因で賠償事故が発生した場合も補償する」など事業の特性に合わせた補償内容となっています。対象となる業種、対象となる事故、保険料の算定方法などは保険会社によって異なります。

　なお、商工会議所の会員向けの賠償責任保険や、一般社団法人プロフェッショナル＆パラレルキャリア・フリーランス協会のフリーランス保険など、会員を対象とした賠償責任保険もあります。

　一般社団法人プロフェッショナル＆パラレルキャリア・フリーランス協会では会員サービスの一環として賠償責任保険に加入できます。様々な会員サービスも受けながら、業務遂行中の賠償事故、情報漏洩や納品物の瑕疵、著作権侵害による賠償など、フリーランス特有の賠償リスク

に備えることができます。

③専門的職業人向け賠償責任保険

弁護士賠償責任保険、薬剤師賠償責任保険、エステティシャン賠償責任保険など専門的職業人を対象に、業務上の過誤によって損害賠償責任を負うリスクに備える賠償責任保険もあります。

個人事業主で賠償責任保険に加入している方はまだ少ないように感じます。賠償事故が発生しないように注意を払うことが大切ですが、自動車保険に加入せずに車を運転しているのと同じ状態になっているかもしれません。

一般的には、年間1万円前後の保険料で、万一の賠償リスクに備えることができますので、あなたの事業に適したものがないか、検討してみてください。

(3)その他トラブルに備える保険

①スポーツ保険

仕事中の事故であっても、事業者用の賠償責任保険では補償されない場合があります。

例えば、子ども向けの教室で、休み時間に子ども同士がふざけあって、一人がケガをしたとします。この場合、事業者の賠償責任保険は適用されない可能性があります。

なぜなら、賠償責任保険は事業者に過失がなければ補償されないと考えられるからです。

このようなリスクに備えて加入しておきたいのが公益財団法人スポーツ安全協会の「スポーツ安全保険」です。スポーツだけでなく文化活動、ボランティア活動、地域団体活動なども対象になります。年間数百円からと割安な保険料で、参加者一人ひとりの賠償責任やケガの治療費等を補償します。特に子ども向けの教室などされる場合は、加入しておきたい保険です。

②イベント保険

　行事やイベントを開催したときの、参加者のケガや主催者の賠償リスクに備えられる保険もあります。大きなイベントを主催する際には、このような保険も検討しておきましょう。

Q7. 届出や許可が必要な仕事は？

A7. 業種や仕事の内容によっては、届出、営業許可や事業者登録を行う必要があります。

　事業に関連する法規を確認して、必要な届出等は済ませておきましょう。

⑴営業許可や登録等が必要な仕事

　例えば、次の事業の中で事前に届出や許可の取得など、法律上一定の手続きを経る必要があるものはどれでしょうか。

　　①クッキーを焼いて販売する
　　②ワインの試飲会を開いてその場で販売する
　　③旅行を企画して、ホテルや切符を手配する
　　④自宅の空き部屋を活用して民泊を始める
　　⑤副業で着物のリユース販売を行う
　　⑥ハンドクリームを作って販売する

　これらはすべて事前に届出、営業許可の取得、事業者登録等を経ておく必要があります。これらの手続きを怠ると違法行為となり、懲役や罰金などの罰則を科される可能性があります。

　では、一つずつどのような手続きが必要か紹介していきます。

①クッキーを焼いて販売する

　食品の製造販売については、食品衛生法の規定により、保健所の営業許可が必要になります。また、許可を得るためには施設や設備の要件も定められており、自宅のキッチンで製造したものを販売することは認められません。

詳細は所轄の保健所にご確認ください。

　なお、料理教室のように作り方の指導を行う場合は、営業許可をとる必要はなく、自宅のキッチンで行っても問題はありません。

②ワインの試飲会を開いてその場で販売する

　酒類を販売する場合は、酒税法の規定により、「酒類販売業の免許」を取得する必要があります。さらに酒類販売管理研修を受講した「酒類販売管理者」を選任する必要があります。詳細は所轄の税務署にご確認ください。

　なお、試飲会のみで酒類の販売を行わない場合は、免許を取得する必要はありません。

③旅行を企画して、ホテルや切符を手配する

　ツアーを企画して参加者を募集し、ホテルや新幹線などの切符を手配するといった行為は「旅行業法」の「報酬を得て旅行業を営むもの」に該当します。個人で企画する場合であっても、観光庁長官または都道府県知事による旅行業者の登録の許可を受けなければなりません。

　なお、国内の旅行であっても数百万円の営業保証金を供託することや、資産基準をクリアすることが登録要件となっています。詳細は各都道府県の観光企画課等にご確認ください。

④自宅の空き部屋を活用して民泊を始める

　住宅宿泊業、いわゆる「民泊」を営む場合は、「住宅宿泊事業法」に基づき、住宅宿泊事業届出書を都道府県知事等に届け出る必要があります。建物の構造や安全措置、宿泊者の衛生の確保などの条件をクリアする必要があります。詳細は各都道府県にご確認ください。

⑤副業で着物のリユース販売を行う

　古着を売買する場合は、「古物営業法」の規定により「古物商許可」が必要になります。副業であっても、頻度や金額が少なくても、事業として継続的に行う意思があれば、申請して許可を得る必要があります。詳細は所轄の警察署にご確認ください。

⑥ハンドクリームを作って販売する

　皮膚や毛髪など身体に塗擦,散布するなどして使用されるもので、人体に対する作用が緩やかなものは「化粧品」として、「医薬品、医療機器等の品質、有効性及び安全性の確保等に関する法律（医薬品医療機器等法）」の規制対象になります。化粧品の製造販売を行うには「化粧品製造販売業」の許可を得る必要があります。詳細は各都道府県の薬務課にご確認ください。

　届出や許可等が必要だと知らずに違法行為を犯しているケースも見受けられます。事業を開始する際には、営業許可や事業者登録等の必要性がないかよく調べて、法令遵守に務めましょう。

⑵規制の壁を乗り越えた母の想い

　化粧品の製造販売業の許可については、個人で取得することは困難です。製造販売業者には、適正な品質管理体制の下で製造し、出荷した製品についての安全対策を講じるなど、市場に対する責任を負う能力が求められます。

　そんな高い壁を乗り越えて、オリジナルのアロマバームの製造販売を実現した女性がいます。

　彼女は2人の子を持つシングルマザーです。上のお子さんが生後3か月の頃から湿疹が出始め、皮膚科に通院しましたが、悪化する一方。真夏でも両腕両足に包帯を巻いて長袖でいなければならない程、重症化していました。

　痒みから眠ることもままならず、ひっかいた皮膚の痛みでお風呂に入れるのも大変。泣き叫ぶ5歳児と乳児を抱えながら「死んだ方が楽かもしれない」と頭を過ることもあったそうです。

　そんな時、書棚にある一冊の本が目に飛び込んできました。それはアロマテラピーの本。結婚前の仕事でアロマテラピーの資格を取得していたことを思い出しました。その時の知識をもとに、藁をもつかむ気持ちで、カモミール・ジャーマンを購入しクリームを作り、お子さんの肌に塗ると肌がみるみるきれいになったそうです。

　その様子をブログで発信したところ、「アロマクリームが欲しい」というメッセージが届くようになりました。

しかし、「医薬品医療機器等法」の規制があり、手作りのクリームを販売することはできません。

　そこで、彼女は化粧品製造販売業の許可を取得している会社に製造を委託しました。小ロットでも受けてもらえそうな業者を探し、想いを伝えたところ協力を得ることができました。

　さらに、顧客の確保と初期費用を賄うため、クラウドファンディングに挑戦し、100名を超える方々の賛同を得、商品化が実現しました。

図7-13

アロマバーム　by RYOKO OKUMURA

「ぐっすり眠れるようになった」「肌がきれいになった」

　クリームを使ったお客様から届く感謝と喜びの声に、「私はこのために生きている」と幸せを実感するそうです。

　規制のハードルも資金調達のハードルも、熱い想いがあれば突破できることを彼女が教えてくれました。

Q8. 資格がないとできない仕事は？

A8. 国家資格の中には、資格を持っている人だけが業務を行える業務独占資格があります。資格を持たずにその業務を行うと処罰されますので、注意が必要です。業際の問題がある場合は、業務範囲を明確にしておきましょう。

(1)資格や免許がないとできない仕事

　医者になるためには医師免許、教職員になるためには教員免許が必要であるように、資格や免許がないとできない仕事があります。

　では、次の中で資格を持たずに行って良い仕事はいくつあるでしょうか。

　①調理師免許を持たない人が、飲食店を開業する
　②鍼灸師、あん摩マッサージ指圧師などの国家資格を持たない人が、整体師として開業する
　③美容師資格がない人が、メイクのついでにお客様の眉をカットする
　④弁護士資格を持たない人が、離婚相談の一環として慰謝料の交渉までを行う
　⑤税理士資格を持たない人が、確定申告書の作成を付帯サービス（無償）として行う

　この中で資格を持たずに行って良いものは2つあります。順に見ていきましょう。

①調理師免許を持たない人が、飲食店を開業する

　調理師免許がなくても、飲食店を開業することは可能です。ただし「食品衛生責任者」の資格は必要です。調理師や製菓衛生師などの資格があれば講習など受ける必要もなく食品衛生責任者となることができます。そのような資格がない場合は、講習を受けて食品衛生責任者の資格を取得するか、食品衛生責任者の資格を持っている方を雇用する必要があります。詳しくは所轄の保健所にご確認ください。

②鍼灸師、あん摩マッサージ指圧師などの国家資格を持たない人が、整体師として開業する

「整体師」という資格はありませんので、国家資格を持たずに「整体師」と名乗っても問題ありません。もちろん、専門学校に行ったり、民間資格を取得したりして技術を習得することは必要ですが、特定の資格を取得する必要はありません。

ただし、医療行為は行えませんので、「治す」や「治療」などの表現は使えません。

　また使用できない治療機器もあります。整体、カイロプラクティック、足つぼ、アロママッサージ、リフレクソロジーなど身体を癒す仕事をされる方は、事前に次のような関連法規について確認しておきましょう。

・あん摩マッサージ指圧師、はり師、きゅう師等に関する法律
・柔道整復師法
・医師法
・医薬品、医療機器等の品質、有効性及び安全性の確保等に関する法律（医薬品医療機器等法）
・不当景品類及び不当表示防止法（景品表示法）

　以上、①と②の2つが資格がなくてもできる仕事でした。③から⑤はすべて、資格がなければできない行為です。

③美容師資格がない人が、メイクのついでにお客様の眉をカットする

　はさみやカミソリなど刃物を使う行為は、身体を傷つけてしまう可能性があるため有資格者が行うよう規制されています。はさみを使う眉カットを行うためには美容師免許が必要です。またカミソリを使う顔そりは理容師免許が必要です。メイクのついでにお客様の眉をカットするという行為を無資格で行うことはできません。

④弁護士資格を持たない人が、離婚相談の一環として慰謝料の交渉までを行う

　弁護士の資格を持たずに、報酬を得る目的で、法律的な紛争の代理や仲裁、和解などの法律事務を行うことは「弁護士法」により禁止されています。

　相談業務を行う方は、このような弁護士法に抵触するような行為をしないようにしましょう。

⑤税理士資格を持たない人が、確定申告書の作成を付帯サービス（無償）として行う

　税務書類の作成代行、税金計算などの税務相談は税理士の独占業務です。有償無償に関わらず、税理士資格を持たない人は行ってはならないと「税理士法」に定められています。

　ただし、記帳指導や確定申告書の作成方法を説明するなどの行為は税理士の独占業務にはあたりません。

⑵業際問題と業務範囲の明確化

　あなたの仕事が業務独占資格の業務範囲に抵触していないか、事前に確認をしておきましょう。そのうえでお客様にも誤解を与えないように、業務範囲を明確に示しておきましょう。

　例えば、私はファイナンシャル・プランナーとして「起業のお金」の相談を受けていますが、税理士の資格は持っていません。したがって、確定申告書を代わりに作成することや個別の税金計算など税務相談は行っていません。そしてその旨をホームページなどにも記載しています。

　私にできることは、帳簿の付け方をアドバイスしたり、所得税のしくみや確定申告書の作成方法を伝えたりして、ご自身で確定申告やお金まわりの管理ができるようにサポートすることです。

　確定申告書の作成や税務相談が必要になれば、信頼できる税理士さんを紹介しています。

　私の役割は「魚を釣って与える」のではなく、「魚の釣り方を教える」ことです。これは私のコンセプトである「自分で考え判断できる安心を届ける」ことにもつながっています。

　基本的な知識があれば、自分で必要に応じて税務署などの公的機関に尋ねることができるようになります。

　また専門家に作業をお願いする場合でも「依存」ではなく「依頼」することができるようになります。

「起業のお金」の知識を得ることは自立した事業主になるために必要なことだと信じて、私のできる範囲でお役に立ちたいと思っています。

第**8**章

【起業女子 お悩みQ&A】 しなやか起業家の 知恵で解決！

Q1. 夫や家族に起業を反対されたら？

A1. 「反対」は「愛情」の表れと受け止めて、「何が心配なのか」「何を大切にしたいのか」相手の話にまず耳を傾けてみましょう。その上であなたの想いと具体的な計画を伝え、家族が安心できる起業プランを提案してみましょう。

(1)起業の成功に必要なこと

　仕事を始める上で家族の理解と協力は必要です。また家庭が円満であることは良い仕事をするためにも大切なことです。

　アメリカの心理学者のマズローは人間の欲求を5つの階層に分けて「自己実現理論」を提唱しました。

　人間の欲求は下のような階層を成しており、低次の欲求を満たしてこそ、より高次元の欲求に進むことができるというものです。

図 8-1

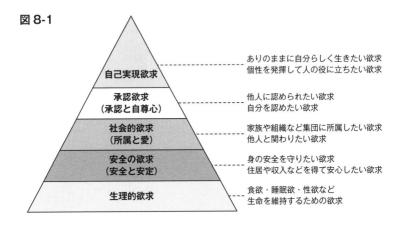

　家庭内に問題や心配ごとがあるなど社会的欲求が満たされない状態では、自分らしく力を発揮することが難しくなります。しなやか起業を成功させるためにも、家族に理解され応援されることが必要です。

　家族に起業することを反対されたり、仕事をするうちに家族に不満が生じたりしたら、相手の想いを理解する「思いやり」と、あなたの想いを理解してもらう「勇気」を持って、話し合ってみましょう。

⑵家族が起業に反対する理由

「起業することを家族に反対された」という女性の話を伺うと、その理由としては主に3つがあるようです。

①家事や子育てが疎かになるのではないかとの懸念

②経済的なメリットがないのではないかという心配

③感情的な問題

　これらの反対を乗り越えて、逞しく活躍している女性の事例を参考にしながら、家族に応援されるようになるポイントを考えてみましょう。

＜事例１＞「子どもがもう少し大きくなってから」と反対された

「子どもが生まれるまで」との約束で働いていたＡさん。出産を機に勤めを辞めたものの、お子さんが1歳になった頃、「やりたいことがある」と夫に起業したい旨を告げました。

「子どもがもう少し大きくなってからにしてはどうか」と夫だけでなく、両家の親にも反対されたそうです。しかし彼女の意思は固く、事業計画を1枚の紙に書き、夫にプレゼンをしました。

　事業計画の内容は、機材などにかかる初期費用、子どもを預けるための保育料と売上の見込みといった収支計画、そして仕事に要する時間と家族の暮らしの変化についてです。

　無認可の保育所に1歳児を預けるとしたら月7〜8万円かかります。まず保育料を賄うために必要な仕事量を割り出し、働く日数を週3日程度と算出しました。日曜日は家族の時間にすることなど、仕事と家庭の両立ができることを具体的に説明しました。

　すると「うまくいかなければ辞めたら良い」と許してくれたそうです。両親も「やれるものならやってごらん」という感じだったそうですが、実際は計画以上に仕事が入り、休みがとれない程に忙しくなってしまいました。

約束した働き方とはかけ離れてしまいましたが、イキイキと働く彼女の姿を見て皆が反対するどころか、応援してくれるようになったそうです。

彼女のプレゼンのすばらしいところは、夫が不安に思っていた「家庭との両立」「経済的なリスク」について、具体的な数値を示して説明したところです。これによりご主人の不安が解消されたと考えられます。

仕事にかける熱い想いを伝えるのは勿論ですが、それだけでなく、論理的に計画を説明することも大切です。

＜事例２＞ 「俺のお金をボランティアに使うな」と反対された

会社員の夫を持つＢさん。起業について夫に相談したところ、「子どもが幼稚園に行っている間であれば」と条件付きで認めてくれたそうです。しかし、実際に動き始めると2時のお迎えに間に合うように働くことは困難でした。夫には内緒で託児所に預け、仕事の時間を確保した時期もあったそうです。

また、仕事といっても当初は収入につながらない活動も多く、あるとき「俺が稼いだお金をボランティアに使うな」と言われ、悔しい思いをしたこともあったそうです。

そんな夫がＢさんの仕事に理解を示すようになったのは、Ｂさんが講師を務める講演会のチラシをご覧になったことから。「お遊びではなかった」と理解してもらえ、それから、土日は夫が率先して子どもの面倒を見るようになったそうです。

さらに、「イクメン講演会」に夫婦で参加したところ、休日の家事は夫の担当となり、夫のお料理の腕がメキメキ上がっていったと羨ましいお話を聞かせてくださいました。

正社員として働く夫から見ると、妻の起業が「甘い考え」や「道楽」のように見えるのかもしれません。しかし、仕事として結果を出すことによって見方が変わり、理解や協力を得られるようになったという方は多いです。

大きな結果でなくても良いので、例えばお客様にいただいた感想などをご家族に見せてはいかがでしょうか。あなたの仕事が人の役に立つ価値ある活動であることがわかれば、少しずつでも見方が変わってくることと思います。

＜事例３＞「稼げてないなら辞めたら」と反対された

　趣味が高じてハンドメイド作品の販売を行うようになったＣさん。夫に確定申告作業を手伝ってもらったところ、赤字であることが判明しました。「儲からないなら辞めたら」と言われてしまったＣさんは、「仕事はやめてもいいけれど、つくることはやめられない。趣味だから続けます」と宣言し、「仕事だったら入ってくるものもあるけど、趣味だと出ていくばかりになるけど。趣味にするのと、仕事にするのとどっちが良い？」と夫に選択を迫ったそうです。

　その結果、「夫と気まずくなった」と相談にいらしてくださいました。決算書を見せていただくと、赤字の原因は材料費だけではありませんでした。作業スペースである自宅家賃の一部や通信費などの費用を経費として計上したため利益がマイナスになっていました。

　つまり税金計算上は赤字であっても、キャッシュフロー（現金の流れ）で考えると家計にとってはプラスです。そんな視点の切り替えをアドバイスしたところ、夫も納得してくれたと報告してくださいました。

　企業経営でも利益以上にキャッシュフローが重視されます。「黒字倒産」という言葉があるように会計上利益が出ていてもキャッシュ（現金）が不足すると倒産に至ります。逆に赤字であってもキャッシュフローがプラスであれば、困ることはありません。お金の流れに目を向けることが大切です。

＜事例４＞ 「カレーばっかり」と夫が不機嫌に

　公務員の夫を持つＤさん。子どもが小学生の頃、個人で仕事を始めました。始める際には特に反対されることはなかったそうですが、休日に勉強会に参加したり、帰宅が夜遅くなったりすると夫が不機嫌になったそうです。

　そして、家事が疎かになってきたある日「カレーばっかりつくって」と怒られたことがあったそうです。「だったら早く帰ったほうがつくれば良いでしょう」とＤさんが言い返すと、それから口もきけない状態になったそう。「私は悪くない」と意地になっていましたが、子ども達への影響を考え、再度夫の話を聞くことにしたＤさん。すると思いがけない言葉が返ってきました。

「俺のことはどうでも良いと思っている」という不満でした。「家事が疎かになっている」ことが問題ではなく、妻が外でイキイキと働くようになり、夫は「自分が大切に思われていない」と感じてしまったようでした。

　それからしばらくは夕方までに帰宅できるよう仕事のやり方を変え、夫とのパートナーシップを整えることを優先したそうです。

　妻が子どもにかかりきりになり、ご主人が拗ねてしまったことが原因で23年も口をきかなくなったご夫婦の話もあります。

　そんなつもりでなくても、相手は自尊心が傷ついたり、疎外感を感じてしまったりしているのかもしれません。自分とは違う感じ方をしているかもしれない、ということも心に留めておきましょう。

　以上4つの事例を紹介しましたが、夫婦の関係、価値観、家族構成や状況によって、反対される理由も解決策も異なります。一概に「このやり方で解決できる」というものはないと思いますが、共通していえることは、夫やご家族が反対する気持ちの奥には、あなたやお子さんへの愛があふれているということです。

　まずは「愛されているんだな〜」と受け止めて、「なぜ反対なのか」相手の気持ちの理解に徹しましょう。どんな不安があるのか、何が心配なのか、どういう行動が嫌なのか、相手の気持ちに意識を向けて耳を傾けてみましょう。

　その上で、あなたの想いやあなたの計画について丁寧に説明し、相手の心配や不安を軽減する提案をしたり、不安に思われる行動を控えたり、互いの考えをすり合わせることが大切です。そして、理解や協力が得られたら、「感謝」の気持ちを忘れずにいたいですね。

　より幸せになるための「しなやか起業」が家庭不和の原因になってしまっては本末転倒です。誰よりあなたの家族があなたの応援団であって欲しいと思います。

Q2. 子育てとの両立はどうするの？

A2. 自宅でできる仕事であっても、育児や家事との両立はお勤めの方と同様に工夫が必要です。子どもの成長とともに親の役割、子育ての課題も変化していきますので、その時々に大切にしたいことを優先し、子も親も成長していけると良いですね。

「子育てをしながら無理なく働きたい」と始めたしなやか起業であっても、やはり仕事をするとなると仕事に費やす時間が増えたり、休日や夜に外出する必要が出来たりすることもあります。

　このような子育てと仕事の両立課題は、子どもの成長とともに変化していきます。

　そこで「乳幼児期」「児童期」「思春期」と子どもの成長段階に応じて、子育てと起業の両立について、先輩しなやか起業家がどのような工夫で切り抜けてきたか紹介したいと思います。

⑴乳幼児期（０歳から小学校入学前まで）の子育てと起業の両立

　たとえ自宅でできる仕事であっても、やはり仕事に集中する時間が必要です。外で打ち合わせを行うなど子どもがいては困る場面もあります。

　寝ているだけの赤ちゃんの時は良いのですが、つかまり立ちを始める頃から「危ないことをしていないか」と家にいても気が休まらない状態になります。家事をするのも一苦労で、ましてや落ち着いて仕事に取り組むことは困難ではないでしょうか。

　乳幼児を育てながら起業を考える場合、子どもの預け先の確保が課題となってきます。選択肢のひとつとして、公的機関の保育所、幼稚園、そして認定こども園があります。

図 8-2

	保育所	認定こども園	幼稚園
管轄	厚生労働省	内閣府	文部科学省
対象年齢	0歳から小学校入学前までの幼児	1号認定：3歳〜 2・3号認定：0歳〜小学校入学前までの幼児	3歳から小学校入学前までの幼児
保育時間	7時半〜18時半頃（それ以降延長保育）	1号認定：9時〜14時頃 2・3号認定：7時半〜18時半頃	9時〜14時頃（それ以降預かり保育）
長期休み	無	1号：春休み、夏休み、冬休み 2・3号認定：無	春休み、夏休み、冬休み
給食提供	義務	ほぼ提供	任意
保育料	子どもの年齢・保護者の所得による	認定区分、子どもの年齢・保護者の所得による	私立は設置者が設定 公立は自治体が設定

働きやすいのは長期の休みがなく、長時間預かってもらえる保育所や認定こども園の2号認定（保育を必要とする満3歳以上）、3号認定（保育を必要とする満3歳未満）です。

これらの保育を希望する場合は、市区町村に保育の必要性の認定申請を行い、選考を通過する必要があります。

個人事業主であることを理由に優先順位が下がることはありませんが、外勤の方に比べて自宅で開業する方は優先順位が下がる自治体もあります。また、起業準備中であっても申請はできますが、就労中の人に比べると優先順位が下がるため、競争率が高いところでは入園できない可能性が高くなります。「保育所に入れたら起業しよう」と思っていては難しいのが実情です。

そのため、一時保育やファミリーサポートを利用して起業し、翌年から認可保育所に通わせる人もいます。

個人事業主の就労証明として必要になるのが「開業届」です。開業届を提出したら、必ず税務署の収受日付印付きの控えを保管しておきましょう。

また仕事のやり取りが確認できる次のような書類の写しも必要になります。

・報酬の支払明細書

・仕事用のホームページ

・業務委託契約書や請求書

・仕事のやり取りがわかるメールなど

　これは一般的な例ですので、手続きの詳細や選考基準は各自治体の担当課にご確認ください。

● SOS を出そう

　私は出産後すぐに夫の事務所の手伝いを再開していたため、幸い1歳から娘を保育所に通わせることができました。

　しかし、通い始めた当初は2〜3日おきに発熱を繰り返し、まともに通えるようになったのはひと月後からでした。通い始めても、時には朝から体調を崩して保育所に行けなかったり、「熱が出た」と保育所から迎えに来るよう連絡が入ったり、子どもの体調は変わりやすいため、安心はできません。

　研修などの仕事が入ると、義父母に予定を入れずに待機してもらったり、出張で遠方にいく際は、九州から母を呼び寄せたりして、不測の事態に備えるようにしました。

「一人の子どもを育てるには、一つの村が必要だ」という諺がありますが、家族や友人、行政、地域の方など多くのサポートを受けて、仕事と子育てを両立させてもらえたと思います。

●子育ては仕事の強み

　3人の子育てをしながら起業し、「自分の本が書店に平積みされている」「100名規模の人の前で講演をする」という夢を叶えた女性がいます。

『キャッチコピーの教科書』『今すぐ自分を売り出す一行をつくれ』という2冊の著書を世に送り出し、現在は全国の起業家、事業主を対象にした講座やオンラインサロンを展開しています。

　彼女が起業したのは10年前。第一子の育休復帰後、育児との両立に悩み、勤めていた広告制作会社を辞め、雑誌の取材ライターとして起業しました。その後、第二子、第三子を出産し、0歳児の間は、仕事の依頼が来たら「赤ちゃんがいるんですが連れて行ってもいいですか？」と確認し、「ダメ」なら仕事は受けないと決めていたそうです。

　しかし、「ダメ」だと言われたことは一度もなく、子どもを抱っこ紐に入

れた状態で取材をしたり、おんぶをしてプレゼンをしたりしていたそうです。

　そうやって、仕事を続けていたのですが、上のお子さんが小学生になると、学童、保育所、別の保育所と3か所のお迎えが必要になり「もう今までと同じ働き方はできない」と肚をくくったそうです。

　納期や価格を相手に決められる「受け身の仕事」をすべて辞めて、真に自分のペースで働けるよう自分で主催する講座に軸足を移しました。そんな自身の経験が、「自分の言葉で、自分の価値を伝えられれば、仕事はゼロから作り出せる」という企業理念になりました。

「子育ては仕事のハンデではなく強みだよ」

「どんな状況になっても、ゼロから仕事を作り出せるよ」

　そして、「その後に待っている世界は、この上なく自由で楽しいよ」

　子育てをキッカケに会社を辞めて、駅の改札口で悔し涙を流していた10年前の自分に言ってあげたい、と力強く語ってくれました。

(2)小学生の子育てと仕事の両立

　小学校に上がると、送迎の必要もなくなり、子育ての負担感は軽くなります。しかし、「小1の壁」という言葉があるように、働く親にとっては、新たな課題が発生します。

　長時間預かってもらえた保育所と比較すると、帰宅が早くなります。そこで「学童保育」などを利用するわけですが、高学年になると子どもが行きたがらなくなるという話もよく聞きます。

　わが家も娘が小学校3年生頃から学童保育にいくことを嫌がるようになりました。一人で留守番をさせるのはどうかと思いましたが、外での仕事の際はカギを持たせることにしました。

　娘の鍵っ子デビューの日は2011年3月11日。ちょうど娘が学校から帰宅した頃、東日本大震災が発生しました。ビルの9階にいた私は、ユラユラと気持ち悪い揺れが続き、慌てて娘に電話をかけたことを覚えています。

　電話に出た娘はケロッとして「コーヒーをいれるときの紙はどこ？」と尋ねてきました。帰宅すると、私のために軽食を用意してコーヒーを淹れてくれていたのでした。

「小学生のうちは1人にさせたくない」というこだわりを持っていましたが、

216

「心配するより信頼しよう」と柔軟に考えられるようになりました。

　小学生の子どもを持つ人は、習い事をさせることで働く時間を確保したり、帰宅が遅くなるときは近くの友達のお宅に預かってもらったり、子どもの意思も尊重しながら工夫をされています。

　そういえば、私も休日に仕事で不在にするときは、娘の友達を集めて「カレーパーティ」という名の留守番をさせることもありました。

　日本メンタルヘルス協会というカウンセラーの養成スクールで心理学を学んだとき「子育て四訓」というアメリカンインディアンの教えを知りました。

「乳飲み子からは肌を離すな

　幼児は肌を離して、手を離すな

　少年は手を離して、目を離すな

　青年は目を離して、心を離すな」

　小学生は乳幼児と異なり、手が離せる時期ではありますが、まだ「見て欲しい」少年の時期です。

　自宅で仕事をしていると、ついついパソコンやスマホの画面を見ながら、子どもの話を聞いてしまったり、一緒にゆっくり過ごすことができなかったり、「寂しい思いをさせてしまったかも」という話もお聞きします。

　私も「ママまだ寝ないの？」と布団に入って声をかけてくれた娘の顔を思い出すと、「ちょっと手を休めて寝入るまで横になってやれば良かったな」と胸のあたりがチクチクします。

　自宅にいながら仕事ができてしまうしなやか起業だからこそ「食事の時はゆっくり子どもの話に耳を傾ける」「一緒にお風呂に入る」など意識して子どもとの時間をとるようにした方が良いかもしれません。

⑶中高生の子育てと仕事の両立

　中高生になると、時間的な制約から解放され、自由に働けるようになります。しかし、一方で思春期は心のサポートが必要な時期でもあります。

　子育て四訓では「青年は目を離せ、心を離すな」といわれます。

表情や態度から心の動きを感じとり、気にかけて言葉をかけたり、気持ちを理解しながら話を聞いたりすることで、心のつながりを保つことができます。

　ただし、話しかけても「別に」としか返ってこなくなる時期でもあります。
　そんな時に強い味方になってくれるのが食事です。
　男子中高生の保護者からは「毎日毎日ご飯作りに追われる」と食事づくりに忙しい様子をお聞きしますが、「食べてくれていたら安心」というコミュニケーションもあるのです。

　わが家も、難しい年ごろの娘と不出来な母親の絆を、弁当が取り持ってくれていた時期もあったように思います。

　教育方針や子どもの個性などによって個人差も大きいと思いますが、それぞれの時期に違った両立課題が発生し、親が担う役割も変化してきます。
　そして、いつか子どもたちは親から離れる日がやってきます。
　その時、清々しい気持ちで子離れするためにも、打ち込める何かがあることは幸せなことかもしれません。
　そして、働く親の姿を見て、子どもなりに何か感じとってくれているのではないでしょうか。

　私ももう子育てを卒業する時期が近くなりました。10年前の私に子育てについてアドバイスするとしたら、
「もっと子どもの話を聴こう、もっと子どもに笑顔を見せよう、もっと、もっと……」と言いたくなります。
　でも、
「ちっとも良いお母さんではなかったけれど、心優しい子に育っているから大丈夫だよ」とも言ってあげたいです。

　今あなたが大切にしたいことは何ですか？
　しなやか起業はその時々にあなたが大切にしたいことを大切にできる働き方です。

218

Q3. まわりがスゴく見えてつらい。私ってダメなのかな？

A3. 他人と比較して落ち込んでしまうことは誰しもあります。そして、そんな風に悩むのは向上心の表れです。自分を責める必要はありません。成長するチャンスと捉えて、行動していきましょう。

　ＳＮＳの普及で他人の活躍の様子を目にする機会が多くなりました。時として、嫉妬や焦りといったマイナスの感情を持つこともあるでしょう。そんな感情を持つ自分を責めたり、他人と比較して自分を肯定できなくなったり、誰しもそんな経験はあると思います。かくいう私もありましたし、そんな相談を受けることもよくあります。

　マイナスの感情を持つこと自体は悪いことではありませんが、その感情に囚われて自分を見失ったり、やるべきことに集中できなくなったりすると、あなた自身の仕事がうまくいかない原因にもなります。
　そんなネガティブな感情をこじらせずに、気持ちを切り替え行動に変換する方法を紹介したいと思います。

⑴マイナスの感情を持ってもいい

「ＳＮＳは3割増し」などといわれますが、基本的に見せたいところだけ、良い面だけが切り取られて投稿されています。そうわかっていても、他人の活躍や華やかな様子を見ると、心穏やかではいられないこともあると思います。
「どうしてあの人だけ？」と嫉妬したり、「それに引き換え私は」と自信を失ったりすることもあるでしょう。
　このような感情を持つことは、ある意味自然なことだと思いますし、そのことで自分を責める必要はありません。なぜなら感情に良いも悪いもないからです。
「怒り」「悲しみ」「寂しさ」「嫉妬」「不満」「悔しさ」など、どんな感情も今のあなたの大切な気持ちです。

また、頭では「他人と比較をしない、比較するなら過去の自分」などと自分に言い聞かせてみても、心がついていかないこともあると思います。

すると、「他人と比較してしまう自分」をまた責めたくなるかもしれませんが、比較することで、現状を客観的に捉えることができたり、向上心を刺激されたりと良い面もあります。

まずはそんな自分を責めるのではなく、受け止めてみましょう。

私はこんな気持ちになると、娘に「○○さんの活躍を見て、自分が不甲斐なく感じる」と話すことがあります。ありがたいことに娘は否定もせずアドバイスもせず「ふーん」と聞いてくれます。

「話すは放す」といいますが、言葉にすることで素直な自分の気持ちを受け止め、客観的に自分を見ることができる気がします。

あなた自身があなたの大切な心の声を、まずは否定せずに聴いてみましょう。

(2)悩むのは向上心があるから
①憧れを抱けることが才能

自分の素直な気持ちを受け止められたら、次は「同じことがしたいのか」自問してみましょう。

「その人と同じことがしたいのか」と自問して答えが「YES」であれば、心が揺さぶられるほど強く憧れているということです。ピアノ講師をしている友人が「憧れを抱けることが才能」と言っていましたが、本当にそうだと思います。

「憧れる」というのは、まさに内発的に動機付けられている状態です。「憧れ」があるから努力ができるのです。

そんな「憧れを抱けた」才能あふれる自分に期待して、必要な勉強をしたり、仕事のやり方を工夫したり、人との出会いを求めたり、成長の機会にできると良いですね。

他人のSNSを覗き込んでいるだけでは勿体ない！ あなたの才能を伸ばすチャンスです。

　数年前、私は知人が出版する様子を見て、「いいなあ～」と憧れたことがありました。それから『マネーの達人』というサイトにコラムを書いたり、ブログを書いたりしながら、「いつかプチ起業のためのお金の本を書きたい」と口にしていたところ、大手出版社とご縁をいただきました。

　東京で編集者にお目にかかり出版企画書を提出しましたが、その時は残念ながら出版には至りませんでした。しかし、その時考えた企画のベースがあったので、今回スムーズにチャンスをつかむことができました。「なれたらいいな」という憧れが本物ならば、「憧れ」に近づいていくことができると思います。

　大切なことは「人にどう思われるか」ではなく「あなたがどう思うか」です。

　あなたの心が本当に求めていること、心の声を聴いてください。

　そして、「やりたい」や「なりたい」が見つかったら、誰よりあなたが自分を認めて、自分を信じてください。あなたが「できる」と思えば「できる自分」になっていきます。

②自分らしさに気づくチャンスに

　他人と自分を比べて辛くなったとき、「その人と同じことがしたいの？」と自問すると、案外「ＮＯ」ということもあります。

　以前、私は同業の友人と自分を比べて、自分が情けなく感じていたことがありました。その友人は「がん患者さんの力になりたい」と医療機関でがん患者さんの相談にのり、患者さんのお金と暮らしの相談にのれる仲間を増やすために協会を立ち上げ、全国のがん患者さんのために医療従事者の方たちと先進的な取り組みをしていました。

　そんな彼女の活躍を見て「彼女は協会までつくって社会的意義のある活動をしているのに、私は……」と自分を卑下していました。

　そこで、「協会をつくりたいの？」と自問すると、答えは「ＮＯ」でした。組織をつくりたいとか、「代表」という肩書を得たいと思っているわけではなかったのです。

　突き詰めて考えてみると「私にはコレといった専門分野がない」という悩みに至りました。

生活全般のお金に関する知識で、企業研修から時には子どものマネー教育まで引き受けていて、「なんでもできるは何にもできないのと同じだな」と否定的に考えていました。

　そんな時、娘が小さい頃からお世話になっているかかりつけ医を思い出しました。小さな医院ですが、診察にいくと、医学書を開いて病気の原因や体のしくみ、そして治癒のメカニズムまで説明してくださる先生です。内科ですが、顔を擦りむいたときも、肩が上がらなくなったときもまずはそこで診ていただきました。

　全国から患者さんが来るようなスーパードクターのような存在も必要ですが、お金についてひと通り満遍なく相談できる「かかりつけ医」のような存在も必要ではないかと思えるようになってきました。
「専門分野を狭めることより、『生き方支援』ができるよう幅広く学ぼう」と金融知識はもちろん、子育てや家族関係、キャリアプランの悩みの相談にものれるように考え学び始めると、悩んでいるヒマはなくなりました。

　他人と比較して辛く感じたときは、なぜこの仕事をしているのか、どんなお客様に、どのように役に立ちたいのか、もう一度、自分を見つめる機会にされてはいかがでしょうか。

　自己実現とは「自分らしさを発揮して生きる」ことです。活躍している誰かのようになる必要はありません。「あなたが持って生まれたあなたらしさに気づくこと」が今のあなたの課題かもしれません。

Q4 起業して良かったことは？

A4. 個人事業の最大のメリットは「自己決定」ができるということです。やる仕事も、働く時間も、付き合う人も自分で選ぶことができます。そして、いつまで働くかも自分しだいです。起業を通じて自分らしい生き方を実現することもできます。

⑴起業して良かったこと

　会社員やパートなどの雇用される働き方と起業という働き方、それぞれにメリット、デメリットがあります。会社員やパートであれば予め約束された給料が支払われますし、会社で社会保険に加入できれば、病気やケガで働けなくなったとき、失業したときも一定の保障があります。一方、個人事業の場合は安定的な収入や万一の保障もありません。

　どちらもメリット、デメリットがあり、どちらが優れた働き方ということはありません。

　組織の中にいるからこそ実現できることもありますし、組織の中だから発揮できる能力もあることでしょう。

　自分のライフプラン上、今の自分にはどちらが良いかという選択肢があるということだと思います。

　そういう前提で、起業という選択をして10年以上働いているしなやか起業家の皆さんに、「起業して良かったとこと」を伺ったところ、次のような答えが多く聞かれました。

　★仕事内容

　・人の役に立つことが実感でき、仕事の喜びが大きい

　・自分の好きなことに没頭できる

　・自分で自由にやることを決定できる

　★働き方

　・時間的に融通が利き、自分のペースで働ける

　・自宅で仕事ができるので、家族と触れ合う時間が多い

　・自分の意思で日々の働き方を決定できる

★人間関係
・付き合う人を選べるので人間関係に悩まない
・同じことに興味がある人、共感できる人とともに過ごせる
・多くの素晴らしい人、多様な価値観を持つ人に出会える
★自己成長
・学ぶことが多く自己の成長を実感できる
・行動範囲が広がり、多くの出会いに恵まれ視野が広がる
・すべては自分しだいと主体的に考えられるようになった
★お金
・自分の提供した価値に応じた報酬として納得感がある
・収入やお金に対する感謝が大きくなった
・定年がないので一生収入を得られる

　パート勤めの経験がある方は「パートの時は、上司の機嫌が悪いと理不尽に怒られたり、人間関係に悩んだりして、職場の愚痴ばかり言っていた気がする。今はたとえお客さんに無理難題を言われたとしても、課題と受け止められるので、ストレスがない」と話してくれました。
　またある方は「1日8時間どころか、朝から晩まで仕事をしている。これが誰かに雇われた仕事なら身体を壊しているかもしれないけれど、不思議と苦にならない」と話してくれました。

●幸福感と自己決定
　2018年に幸福に関する興味深い調査結果が発表されました。
「幸福感と自己決定―日本における実証研究」と題して独立行政法人経済産業研究所が公表している調査結果によると、所得や学歴よりも「自己決定」が幸福感に強い影響を与えていることがわかりました。
　国内2万人に対してアンケート調査を行い、所得、学歴、自己決定、健康、人間関係の5つについて幸福感に与える影響力を比較したところ、健康、人間関係に次ぐ要因として、学歴や所得よりも「自己決定」が強い影響を与えることがわかりました。

図 8-3

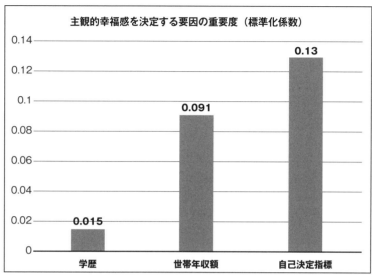

主観的幸福感を決定する要因の重要度（標準化係数）

注：学歴は説明変数として統計的に有意ではない。
出所：「幸福感と自己決定―日本における実証研究」
西村和雄（神戸大学／経済産業研究所）＊八木匡（同志社大学）著
https://www.rieti.go.jp/jp/publications/dp/18j026.pdf

　個人事業は毎日が「自己決定」の連続です。
「提供する商品をどうするか」「誰と仕事をするか」「いつ休むか」大きなことから小さなことまで自分で決定することができます。
　先ほど紹介した「起業して感じる良かったこと」の多くは、この「自己決定」に起因していると思われます。
「自己決定」つまり「自由」が起業の魅力の元になっていると考えられます。
そして言うまでもなく「自由」と「責任」は表裏一体にあります。

⑵ライフプランと起業

　ファイナンシャルプランナーとして生活設計の面から起業のメリットをあげると、まず定年がない、一生働けるということがあげられます。
　もちろん健康上の問題や、仕事内容によっては年齢とともにやり方を変え

る必要があると思いますが、仕事を辞める時期を誰かに決められることはありません。

ここで、ファイナンシャル・プランナーらしく、老後の生活設計と就労の関係をみていきたいと思います。

①65歳以降働かない場合

夫婦2人世帯で、世帯主が64歳まで働き、65歳からは年金生活になるという前提で、60歳以降の家計収支と貯蓄残高の変化をシミュレーションします。

家計収支については、家計調査のデータを参考に使用します。

60歳から64歳までは勤労世帯を、65歳からは無職世帯の家計収支を参考にします。

図 8-4　高齢者 2 人以上世帯の一月あたりの家計収支

	世帯主 60 歳以上 勤労世帯	世帯主 65 歳以上 無職世帯
可処分所得	357,137円	194,723円
消費支出	296,724円	237,831円
収支	60,413円	▲43,108円
年間収支	＋約72万円	▲約52万円

出所：家計調査2018年　第9表

64歳までの働いている間は、年間72万円ほど貯蓄ができますが、65歳以降で無職、つまり年金生活になると年間52万円を取り崩して生活することになります。

貯蓄額については、金融広報中央委員会のデータ「一世帯あたりの金融資産保有額」の中央値を参考にし、60歳時点では650万円の金融資産があると仮定します。

図8-5　1世帯当たり金融資産保有額（2019年）

		1世帯当たり金融資産保有額（万円）	
		平均	中央値
世帯主の年齢別	20歳代	165	71
	30歳代	529	240
	40歳代	694	365
	50歳代	1,194	600
	60歳代	1,635	650
	70歳以上	1,314	460

出所：金融広報中央委員会「暮らしと金融なんでもデータ」（2019年）

　これらの条件に基づいて、60歳以降のお金の流れをグラフにすると次のようになります。

図8-6

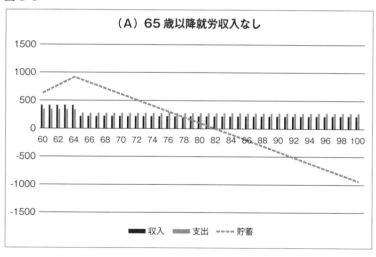

　貯蓄残高を表す折れ線グラフに注目してください。

　60歳時点で650万円あった貯蓄額が64歳までは増加して1,000万円近くまで増えていきます。しかし65歳以降年金のみの生活になると毎年約50万円を取

り崩して生活しますので、82歳あたりで貯蓄が底をついてしまいます。

　では、65歳以降も働くとどうなるでしょうか。

②65歳以降も働く場合

　まず、65歳から75歳まで月5万円の収入が得られるように働いてみると、グラフは次のように変化します。

図 8-7

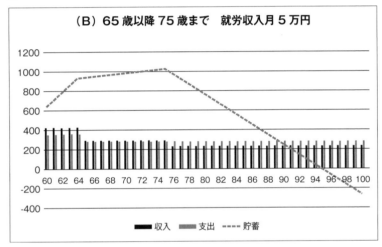

　64歳までに1,000万円近くまで増えた貯蓄額は、65歳以降も少しずつ増えて75歳で1,000万円を超えるほどになります。その後は年金のみの生活になりますので毎年約50万円を取り崩して生活し、95歳あたりで貯蓄が底をつきます。

　では、月10万円、夫婦で互いに月5万円働くと、グラフは次のように変化します。

図 8-8

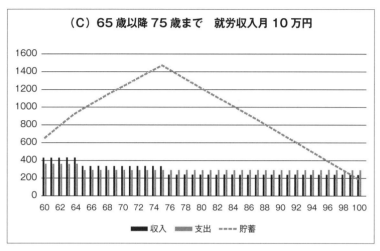

（C）65歳以降 75歳まで　就労収入月 10万円

凡例：■ 収入　▨ 支出　‐‐‐‐ 貯蓄

　貯蓄額は75歳まで増え続け、1,400万円を超えます。その後は年金のみの生活になり毎年約50万円を取り崩して生活しますが、100歳の時点でも200万円程、貯蓄が残ります。

　あくまでも一般的なデータに基づく試算ですが、65歳以降も働くことの経済的効果がわかります。

「75歳まで働けるかしら？」と不安に思うかもしれませんが、身の回りに70歳を過ぎても元気に働いている人はいませんか。

　例えば、マクドナルドでは82歳のシニアクルーが活躍していると話題になったことがありました。最近は若い方だけでなくシニア層もファストフード店を利用するようになり、同年代のクルーがいると入りやすいという心理的な効果もあるようです。

　人は自分に似た人に親近感を覚えます。

　今後ますます高齢者が増えてくるということはシニア起業家の活躍の場も広がると考えられるのではないでしょうか。

　ちなみに、私の義母は現在78歳ですが、料理の腕を活かしてグループホー

ムの世話人として働き、所得税も納めています。颯爽とデニムを履きこなす義母は、孫といると、よく親子に間違えられていました。

　また私の母は80歳まで米づくりなど農業を続けていました。母が草取りをしていると通りかかった人に「大変ですね」とよく声をかけられたそうです。その時は決まって「なーんの、これで遊ばせてもらいよるとですよ」と答えるのだと話してくれました。

「人間やることがないのが、一番辛い」と母は言います。

　義母も母も、母として一人の女性として尊敬する先輩であり、私の「憧れの人」です。

　最後にある女性の話を紹介します。

　彼女は数年前、乳がんの手術をしました。そのリハビリを兼ねて始めたヨガを、最近仕事として教えるようになりました。ヨガというと決められたポーズを真似る運動のようなイメージがあるかもしれませんが、彼女が学んだヨガは、身体と心を整え自分らしさを取り戻すためのものでした。ヨガの仕事を通じて人の悩みに触れることも多くなり、心理的な課題を解決するためにさらに学びを深めていきました。

　このような学びを通じて「やっと自分を好きになれた」と彼女はいいます。

　子どもの頃から母親と折り合いが悪く、「わたしなんて」と自分を肯定できなかったり、人を優先して言いたいことが言えなかったり、つい自分を後回しにする癖がついていたと彼女はいいます。

「自分には価値がない」と思い「自分が嫌いで、いなくなってしまいたい」と思っていた彼女が、仕事と学びを通じて「自分に生まれてきて良かった」と人生ではじめて思えるようになったと話してくれました。

「情けは人の為ならず」と言いますが、人の役に立とうと起業した結果、本来の自分を取り戻すことができ「自分らしい生き方」にたどり着きました。

　片付け下手だけど「自分が好き」

　忘れっぽいけど「自分が好き」

　ダイエットも日記も続かないけど「自分が好き」

「自分が好き」という状態は最強だと彼女のイキイキとした姿が教えてくれました。

　あなたがあなたらしく輝いて、もっとあなたを好きになりますように！

　この本が一助になれば幸いです。

おわりに

最後までお読みくださり、本当にありがとうございました。

「プチ起業なんて税金の申告なんかしないよ」
　以前、経営コンサルタントの男性に「お金の知識で女性の起業をサポートしたい」と伝えたところ、一笑されたことがありました。

　また数年前、出版社とご縁をいただき「プチ起業のためのお金の本を書きたい」と企画書を提出しましたが、「女性が千円以上も出してこんな本は買わないだろう」との意見が出て企画が通らなかったこともありました。

　しかし、私のまわりにいる「プチ起業」とか「主婦起業」と呼ばれる女性起業家の方は、相談料を払って、確定申告のやり方や扶養のことなど相談にいらっしゃいます。
　確かに、確定申告の必要がない方も多いのですが、「利益がこれくらいになったら申告するんだな」と分かることで、安心して仕事に取り組むことができるようです。

　ブログを書き始めると、面識のない方から質問のメッセージを頂戴したり、「起業のお金」の勉強会のリクエストをいただいたり、「お金の知識を得て安心したい」という方が少なくありませんでした。

　そして、お金にまつわるモヤモヤが解消されて動き始めると、きめ細かな商品・サービスで新たな価値を生み出し、自分らしさを発揮して、生き生きと活躍されるのです。そんな姿に「人は何歳からでも始められる」と可能性や希望を感じます。

　そんな起業を志す女性が、「安心してのびのびと活躍できるように、最低

限必要なお金の知識を届けたい」という想いを持ち続けていました。

　コスミック出版様とご縁をいただき、「是非、出しましょう」と言っていただいたときは、ありがたい反面、信じがたい気持ちもありました。「本当に本になるのだろうか？」と半信半疑のまま筆を執りましたが、執筆する中で私自身がこれまでを振り返る良い機会にもなりました。

　一貫したキャリアもなく、行き当たりばったりの無駄の多い人生のように感じていましたが、点と点がつながって「人生に無駄なことはない」と思えるようになりました。

　また、多くのご支援を賜り、人に恵まれ人に支えられていることに、改めて感謝を覚えました。
　貴重な話を聞かせていただいた女性起業家の皆様、監修者の国光義浩先生、そしてチャンスを与えてくださったコスミック出版の皆様方のお陰で、想いをカタチにすることができました。

　この場を借りて、ご協力いただきました皆様に、心からお礼を申し上げます。

　最後に、良き理解者である娘へ。
　仕事と家庭の両立などできない母親を、いつも労わりサポートしてくれて、ありがとう。
　そして、公私ともに頼りになる夫へ。
「やってみたら」と迷ったら挑戦するほうへ導いてくれたあなたのお陰で今の私があります。ありがとう。

　本書があなたの「自分らしい生き方」を実現する一助になることを願っております。

　　　　　　　　　　　　　　　　２０２０年７月　　　小谷　晴美

【本書の付録】

下記のＵＲＬまたはＱＲコードからアクセスして、診断ツールやワークシートをご活用ください。なお、エクセル帳簿のダウンロードにつきましてはパソコンのメールアドレスが必要になります。

■スキ職診断
https://www.shinayaka-life.com/sukishoku/

■ワークシート・ダウンロード
◎ジブンを知るワーク３Stage　　◎想いをカタチにする５Step
https://www.shinayaka-life.com/worksheet

■超カンタンらくらくエクセル帳簿・ダウンロードの登録
https://www.shinayaka-life.com/excel/

【著者・監修者プロフィール】

著者：小谷　晴美 (こたに・はるみ) しなやかライフ研究所 代表（ＣＦＰ®）

熊本県出身。国立大阪教育大学卒業。前職ではコンサルティング会社に所属し、中小企業診断士として商業・サービス業の経営指導、研修等に携わる。
2006年ファイナンシャルプランナー資格を取得し、「お金について自分で考え判断できる安心を届ける」ことをモットーに、生活設計相談の他、セミナー、企業研修等に従事する。
個人相談件数は1600件を超え、その半数以上がフリーランスの女性。
個人事業主の妻として夫のサポートをした経験と、子育てをしながら少しずつ仕事の幅を広げてきた経験から、女性の起業支援、個人事業主の生活設計支援に強みを発揮している。
「暮らしのお金」と「起業のお金」の身近な相談役として、メルマガやブログにて情報発信中。
ホームページ：https://www.shinayaka-life.com/

監修者：小谷　隆幸 (こたに・たかゆき) 小谷隆幸法律事務所　代表弁護士

1996年大阪弁護士会登録、安富共同法律事務所入所、2002年小谷法律事務所開設。
複数企業の顧問弁護士として、企業の法律問題への対応、契約書の作成・締結などの企業法務全般にわたるサポートを行うとともに、消費者事件、不動産関係、債務整理、倒産処理などの民事事件、相続、遺言、成年後見などの家事事件についても、依頼者の正当な利益を実現するよう法的サービスを提供している。

監修者：日本マネジメント税理士法人 担当税理士　国光義浩

東京、大阪に拠点を置き、大規模案件から小規模案件までお客様の税務会計参謀としての役割を果たしている。税理士だけでなく、中小企業診断士、宅地建物取引主任者、旅行業務取扱主任者、社会保険労務士、行政書士など多彩な有資格者をスタッフとして備え、新規開業（会社設立・創業）、M＆A、経営コンサルティング、ビジネスマッチングなど様々な専門サポートを提供している。
ホームページ：http://www.j-ma.info/profile/index.html

小さく始めて夢をかなえる！
「女性ひとり起業」スタートBOOK

著　者　小谷晴美

監修者　小谷隆幸
　　　　日本マネジメント税理士法人

発行人　相澤晃

発行所　株式会社コスミック出版

〒 154-0002　東京都世田谷区下馬 6-15-4

代表　TEL. 03（5432）7081

営業　TEL. 03（5432）7084
　　　FAX. 03（5432）7088

編集　TEL. 03（5432）7086
　　　FAX. 03（5432）7090

http://www.cosmicpub.com/

振替　00110-8-611382

印刷・製本　株式会社光邦